그래도
선생님이
희망입니다

현직 교사들의 교과서, 지치지 않고 행복한 교사로 성장하는 법

그래도 선생님이 희망입니다

토닥토닥 우리 선생님, 현장교육 실천방법의 생생한 이야기들

정규문 지음

좋은땅

저는 천운을 타고났습니다. 요즘처럼 교직 생활이 힘든 시기에 좋은 교직원님들과 학생들을 만나 39년 동안의 공직을 무사히 마무리했습니다. 함께 근무했던 수많은 교직원님들의 큰 은혜를 입었습니다. 저는 성격유형 검사인 MBTI에서 INTJ로 나타납니다. 내성적이어서 여러 사람들 앞에 잘 나서지 못하며, 다른 사람의 감정을 읽어 내는 능력도 뒤떨어지는 편입니다. 그러함에도 불구하고 많은 분들의 도움과 배려와 이해에 힘입어 교직의 종착역에 설 수 있었습니다.

공직자로서 책임과 의무를 벗어나니 우선 마음이 참 홀가분합니다. 새벽 5시면 저절로 잠에서 깨어나 7시 30분을 전후로 학교에 도착하던 습관도 순식간에 무너집니다. 이제는 7시, 어떤 날은 8시까지 단잠을 잘 수 있게 된 것이 신기합니다. 마음의 긴장이 풀렸나 봅니다. 40년 가까이 아침 일찍 학교에 출근하는 것이 일상이 되었다고 생각했는데, 그래서 교직이 천직이라고 믿고 거기에서 의미와 보람을 찾으려고 애썼는데 저도 모르게 정신적 에너지가 너무 많이 소비되었나 봅니다.

얼마 전 교육지원청에 근무하시는 교육복지 업무 담당 선생님이 퇴직을 축하하기 위해 일부러 시간을 내어 학교를 방문했습니다. 그리고 저에게 농담을 건넵니다. "교장선생님은 이제 장노님이 되셨으니 참 좋겠습니다." 제가 깜짝 놀라 물었습니다. "뜬금없이 장노님이라니요?" 그러자 그 선생님은 "요즘은 장기적으로 노는 사람을 장노님이라고 부릅니다."라고 말하며 깔깔 웃었습니다. 퇴직을 하게 되면 지금까지 저에게 주어졌던 직위도 없어지는 마당에 마침 '장노님'이라는 새로운 별칭을 가질 수 있다는 것이 마음에 듭니다. 잘 활용해야겠습니다.

그러나 홀가분한 퇴직과 동시에 학교 현장의 어려움을 잘 아는 선배로서 교직 후배들에게는 너무나 미안한 마음이 듭니다. 서이초 선생님 사건을 계기로 해서 학교 현장의 어려움이 일부 알려지기는 했으나 그동안 선생님들은 너무나 아프고 힘든 현실을 묵묵히 견뎌 냈습니다. 울고 싶었으나 차마 울 수 있는 여유마저 없었습니다. 학생들에게 조금이라도 더 가까이 다가가 공존의 가치와 의미를 함께 실천하며 교원으로서 자긍심을 가지고 싶었기 때문입니다.

정년퇴직

제 체격에는 옷이 너무 컸습니다
제가 입기에는 너무 무거웠습니다
INTJ 회사 제품이 체격에 딱 맞았는데

때론 ESFP 브랜드 옷도 입어야 했습니다

초라한 모습 남이 볼까 부끄러워서
눈에 띄지 않는 시각에 길을 나섰습니다
바람 불고 비가 내리고 눈이 내릴 때마다
그 자리에 잠시라도 멈추고 싶었습니다

길가에서 박수 쳐주며 아주 잘 어울린다는
응원의 목소리에 용기를 냈습니다
제 옷처럼 맞춘 것 같다는 격려 말씀에
끝까지 쉬지 않고 걸을 수 있었습니다

무사히 종착역에 도착할 수 있도록 지켜준
그 이름들을 가슴 한가운데 새겨두렵니다
당신들이 함께 해 주셔서 제가 있었습니다
당신들의 따스한 온기로 꽃을 피워냈습니다

포근하게 안아 주신 당신들의 사랑으로
구멍 난 곳 채우며 삶의 에너지로 삼겠습니다
많이도 낯설어졌지만 이제 평상복을 꺼냅니다
제 색깔 옷 입고 가벼운 마음으로 걷겠습니다

선생님들은 지칩니다. 경력이 쌓일수록 오히려 더 힘들어집니다. 학생들로 인해 상처받고, 이해하기 힘든 학부모님들의 민원으로 인해 고통을 받습니다. 보람으로 가득해야 할 교직 생활이 중견 교사가 되어 갈수록 전문성이 향상되기는커녕 오히려 명예퇴직을 기다리는 것이 현실이 되었습니다. 선생님들이 지치지 않고 성장해야 우리나라의 미래가 더욱 밝아질 텐데 말입니다. 학생들의 성장에 가장 중요한 역할을 하시는 분들이 바로 선생님들인데 말입니다.

교육현장의 선생님들이 무너진 교권 앞에서 고개를 떨구고 의기소침해 있는 아픔을 함께하며 작은 도움이라도 주고 싶었습니다. 그래서 정년퇴임을 하면서 교직 후배들에게 마지막 선물을 하기로 마음먹었습니다. 제가 교직 생활을 하는 동안 배우고 경험하면서 깨우쳤던 내용들을 중심으로 글을 쓰고자 했습니다. 지금까지 교육철학, 생활지도, 학습지도, 교수법, 회복적 생활교육, 감정코칭, 독서 지도, 갈등관리, 학부모 민원처리 등 학교 교육을 부분적으로 다룬 책들은 있었지만, 이것들을 아우르는 책은 없었습니다. 여기에 학교 현장에서 필요한 실용적인 자료들을 더한다면 선생님들의 교직 생활에 보탬이 될 수 있겠다는 생각을 했습니다.

이 책의 내용들은 선생님들이 교직에 입문하기 전 공부했던 수많은 교육학 서적들에서는 배울 수 없었던 이야기들일 것입니다. 제가 후배 선생님들과 나누고 싶은 이야기의 초점은 '선생님들이 지치지 않고 행복하게 성장하는 법'입니다. 아무리 좋은 서적들도 선생님들이 현장에서 실천하기 어려운 내용이면 괜한 시간 낭비가 될 수도 있습니다. 그래서 이 책에서는 선생님들이 교직 생활 중 환한 웃음꽃을 피우며 함께 실천할 수 있는 노하우를 담기 위해 노력했습니다. 거친 글이지만 제 진심을 담았습니다.

교육은 홍익인간의 이념 아래 모든 국민으로 하여금 인격을 도야 하고 자주적 생활 능력과 민주시민으로서 필요한 자질을 갖추게 함으로써 인간다운 삶을 영위하게 하고 민주국가의 발전과 인류공영의 이상을 실현하는 데에 이바지하게 함을 목적으로 한다는 교육기본법 제2조에 충실하고자 노력했습니다.

퇴직을 앞두고 교직 생활을 같이했던 지인들과 우리 학교에 근무하는 교직원들에게 감사의 마음을 담아 두 권의 책을 발간해서 배부해 드렸습니다.

한 권은 생활 속의 평범한 삶의 이야기를 시적으로 표현한 시집《내 품에 꼭 안아주고 싶은 시》입니다. 제가 시인은 아니지만 이 시집에서는 누구나 겪을 수 있는 이야기를 시의 형식을 빌려 그대로 풀어냈습니다. 제 이야기가 시를 읽는 분들의 이야기와 다르지 않다는, 그래서 공감을 받을 수 있는 시기 되었으면 좋겠다는 생각으로 용기를 냈습니다. 다행히 선생님들의 반응이 좋아 더 많은 지인들에게 선물할 수 있었습니다.

또 한 권의 책은《내 품에 꼭 안아주면 되는 걸》입니다. 학생들이 변화하는 만큼 그 변화에 발맞추어 선생님들이 어떻게 노력해야 하는지를 이야기한 것입니다. '교육학에서도 배우지 못한 최고의 교사로 성장하는 법'이라는 부제를 달고 선생님들이 학생들에게서 멀어지지 않고, 그들과 함께 호흡하며 성장할 수 있는 방법들을 찾아본 것입니다. 이 책에서는 선생님들이 먼저 아이들의 감정을, 마음을, 생각을 읽어 주고, 실수도 예쁘게 보아줄 수 있는 눈을 가지자는 내용을 담았습니다. 선생님들로부터 자신이 존중받고 인정받는다고 느낄 때 아이들은 믿음으로 보답하니 선생님들이 따뜻한 손을 내밀면 평화로운 학교를 만들 수 있다는 것입니다. 그래서 학생들과 같은 방향을 보고 오순도순 이야기를 나누며 즐거운 마음으로 함께 걸어가면 지치지 않는 학교생활이 가능하다는 내용입니다.

이 책은《내 품에 꼭 안아주면 되는 걸》을 근간으로 했습니다. 그러나 그 책은 적은 지면에 많은 내용이 실렸고, 깊이 있는 성찰을 다루지 못해서 읽기에 지루했습니다. 그리고 편집마저도 세련되지 못해 볼품없는 책이 되고 말았습니다. 마치 교육학 서적을 보는 듯한 느낌이어서 선생님들이 접근하기가 쉽지 않았습니다. 그래서 그 책에 몇 가지 사례를 추가하고 책의 내용을 좀 더 구체적으로 서술했습니다. 부드러운 느낌을 주기 위해서《내 품에 꼭 안아주고 싶은 시》에서 관련 있는 내용을 찾아 삽입했습니다. 책을 읽다가 잠시 쉬어 가는 시간이 될 수 있을 것입니다.

교직 생활을 하면서 힘들 때마다 저는 에머슨의 시, 〈무엇이 성공인가〉를 읽으며 마음을 달랬습니다. 특히, 가슴에 와닿는 구절만 추려 반복해서 낭송하면서 조금이라도 그것을 실천하려고 노력했습니다.

　　자주 그리고 많이 웃는 것
　　아이들에게서 사랑을 받는 것
　　친구의 배반을 참아내는 것
　　다른 사람에게서 최선의 것을 발견하는 것
　　자기가 태어나기 전보다
　　세상을 조금이라도 살기 좋은 곳으로
　　만들어 놓고 떠나는 것
　　자신이 한때 이곳에 살았음으로 해서
　　단 한 사람의 인생이라도 행복해지는 것

　시대가 아무리 변한다고 해도 공존과 협력의 가치를 배우면서 세계 방방곡곡을 누빌 역량 있는 글로벌 주인공들을 길러내는 학교의 역할은 변하지 않습니다. 동시에 미래사회의 주인공들과 함께 호흡하면서 그들을 응원하고 격려하며 함께 성장하는 선생님들의 역할은 더욱 강조될 수밖에 없습니다.

　날이 갈수록 교직 생활이 힘들어집니다. 그래도 학생들에겐 선생님이 희망입니다. 선생님들이 학생들에게 '잘한다, 잘한다'라고 격려해 주면 학생들은 그 응원의 메시지를 '자란다, 자란다'로 알아듣고 날마다 날마다 한 뼘씩 성장해 갑니다. 선생님들은 이렇게 조금씩 커 가는 학생들을 바라보면 가슴이 벅차오릅니다. 다른 직업에서는 느낄수 없는 보람도 얻습니다. 그래서 힘들어도 함께 갈 용기가 생깁니다. 우리가 교육 동지라는 좋은 인연으로 만나 학생들과 함께하며 즐거운마음으로 같은 길을 걸을 수 있어서 참 행복했습니다. 감사합니다.

2024년 3월, 정규문 올림

| 차례 |

제4장 미래를 준비하는 교육

제5장 학교교육에 유용한 자료

제1장

—

교육,
어떻게 해야 할까

—

📖

교육은 무엇인가

교육은 연약한 인간이 무한한 성장의 가능성을 가지고 있다는 전제에서 출발합니다. 인간은 교육을 통해 사회화되면서 인간다워지고 자아의식을 소유한 존재로서 자율적인 삶을 살아갈 수 있는 것입니다.

교육은 영어로 Education입니다. 라틴어의 Educare에서 유래되었습니다. 접두어 E는 out의 의미가 있으며, 안에 있는 것을 밖으로 끌어낸다는 ducare와 합성어로서 개인이 가지고 있는 소질과 잠재력의 발달 가능성을 발견하여 이를 발현시키는 활동을 의미합니다. 다시 말해 Education은 불완전한 자연 상태의 인간을 바람직한 이상적인 인간의 상태로 성장시키려는 계획적이고 의도적인 모든 활동을 의미합니다. 즉 교육은 개인이 잠재되어 있는 능력과 힘을 발휘할 수 있도록하기 위해서 내부에서 외부로 향하도록 끌어내는 의도된 활동입니다.

국어사전에서 교육은 '지식과 기술 따위를 가르치며 인격을 길러 줌'이라고 정의하고 있습니다. 가르치는 것의 의미는 '지식이나 기능, 이치 따위를 깨닫게 하거나 익히게 하는 것이며, 그릇된 버릇 따위를 고치어 바로잡는 것'이라고 풀이되어 있습니다. 인격은 사람으로서의 품격을 말합니다. 따라서 교육은 사회생활에 필요한 지식을 알게 하는 지성과 품격을 갖춘 인간을 길러내는 인성이 조화를 이룰 수 있도록 돕는 과정일 것입니다.

우리나라 교육에 관한 국민의 권리와 의무 및 국가와 지방자치단체의 책임을 정하고 교육제도와 그 운영에 관한 기본적 사항을 규정해 놓은 교육기본법 제2조에는 교육이념을 다음과 같이 정의하고 있습니다. "교육은 홍익인간(弘益人間)의 이념 아래 모든 국민으로 하여금 인격을 도야(陶冶)하고 자주적 생활능력과 민주시민으로서 필요한 자질을 갖추게 함으로써 인간다운 삶을 영위하게 하고 민주국가의 발전과 인류공영(人類共榮)의 이상을 실현하는 데에 이바지하게 함을 목적으로 한다."입니다. 교육을 통해 협력과 공존의 가치를 깨닫고 함께 살아가는 방법을 배워 이를 실천하면서 널리 인간을 이롭게 함으로써 모든 인류가 함께 번영하고 다 같이 잘 살아가자는 것입니다.

우리 교육, 무엇이 문제인가

그런데 우리의 교육 현실은 홍익인간의 이념을 실현하기 어렵습니다. 인격을 도야하여 민주시민으로서의 자질을 갖추기도 쉽지 않습니다. 따라서 인간다운 삶을 영위하면서 행복한 미래를 준비하는 참삶교육을 실현하기는 더욱 힘듭니다. 우리 교육의 현실은 교과서를 성전으로 생각하고 이를 통째로 외워서 명문대학에 진학하는 것을 목표로 하고 있는 듯합니다. 그래야만 대기업에 취업해서 다른 사람보다 더 많이 가질 수 있고, 더 유명해질 수 있고, 더 고위직에 갈 수도 있다고 확신합니다. 그래서 TV에서 방영하는 장학퀴즈나 골든벨에서도 학생들의 지식을 측정하고 있습니다. 대학수학능력시험도 정답을 얼마나 외우고 있는가를 확인합니다. 이렇게 교과서를 외우는 학습을 합니다. 학생들은 하루에 길게는 15시간 이상씩 학교, 학원, 과외에 매달리고 있습니다.

교육의 기본 전제는 학생의 인간다운 삶입니다. 학생들이 주당 80시간 이상씩 책상 앞에 앉아 있게 하는 것은 장시간 노동을 하는 것이나 마찬가지입니다. 국제노동기구 ILO에서도 인간답게 살기 위해서는 주당 40시간 이하로 노동을 해야 한다고 천명하고 있습니다. 그렇지만 우리나라는 학생도, 학부모도 학창 시절에 자신의 성공을 위해서 이렇게 희생하는 것이 당연하다고 생각합니다. 초, 중, 고 12년 동안 학생들 머리에 주입하는 지식은 반도체 하나에 다 집어넣을 수 있는 양에 불과한데도 말입니다.

학생들은 주어진 교육과정에 따라 수동적으로 공부할 수밖에 없습니다. 짜인 교육과정 속에서 배우고 싶은 것을 자유롭게 선택할 수 없기 때문에 자율성도 부족합니다. 자율성이 없으니 당연히 책임감 부족합니다. 스스로 선택하지 않았으니 책임질 일도 없는 것입니다.

게다가 학업에 대한 경쟁이 심하다 보니 '내가 행복하려면 우리가 행복해야 한다'는 공동체 의식도 부족합니다. 공공의 이익에 대한 관심도, 또 그것에 대한 실현 노력도 소홀한 편입니다. 학업성취도를 측정해서 한 줄로 세우니 학교교육을 받을수록 학생들은 오히려 주눅이 듭니다. 자신감까지 잃어 갑니다. 어찌 보면 학교교육은 학생들에게 스스로의 무능함을 확인하는 과정인지도 모릅니다. 교과 지식에 대한 무조건적인 수용을 강조하기 때문에 비판적 사고력, 분석적 사고력, 종합적 사고력도 부족합니다. 학교에서 배운 것을 실생활에 유용하게 응용할 수 있는 능력도 현저하게 떨어집니다.

학교교육에서 경쟁에 내몰린 학생들은 불안하고 불행합니다. 그렇다고 공부를 잘하는 앞줄의 학생들도 마냥 행복하지는 않습니다. 맨 앞줄의 학생은 추월당할까 봐 불안하고, 그 뒤를 따르는 학생들은 열등감에 시달립니다. 맨 뒤에 선 학생은 당연히 낙오와 실패의 아픔을 경험합니다. 서로를 경계하거나 질투하기도 하고, 자기 자신을 미워하거나 스스로 무기력에 빠지기도 합니다. 경쟁에 길들여진 학생들은 자발적 성취감을 맛볼 수 없고, 다음 목표를 스스로 찾지도 못합니다. 항상 다른 사람과 자신을 비교하는 삶을 살아야 하기에 그만큼 불행합니다. 그래서 협동과 배려의 가치를 소중히 여길 수도 없고, 다른 이와 더불어 살아가는 공존의 기쁨도 배우지 못합니다.

우리 교육에서 대학수학능력시험은 학생선발 기능 이상의 의미를 지니고 있습니다. 한 번의 시험 결과가 평생을 자신의 신분처럼 따라다닙니다. 어느 대학을 진학했느냐가 앞으로의 사회생활에 매우 큰 영향력을 행사합니다. 그리고 사회는 이것을 당연하게 여깁니다.

이러한 사고는 능력 만능주의 사회의 산물입니다. 능력이 있는 사람은 열심히 노력한 사람이어서 혜택을 누리는 것은 당연하다고 믿습니다. 반대로 능력이 없는 사람은 게으른 사람이기 때문에 불평등해도 자신의 노력 부족을 탓해야 합니다. 그래서 우리 사회를 학원, 과외 등 사교육 열풍이 지배합니다. 이것이 교육열로 포장되어 우리나라는 세계에서 가장 교육열이 높은 나라가 되었습니다.

우리나라 교육열이 배움에 대한 열망이 아니라 출세하기 위한 수단임은 수학능력시험 이후 유명 사설학원에서 만든 대학배치표가 말해줍니다. 자신의 적성과 소질에 따라 대학을 선정하는 것이 아니라 대학배치표의 기준에 따라 대학 합격 가능성을 점쳐 대학을 선택합니다. 대학배치표가 진로상담교사보다 더 큰 위력을 떨치는 세상입니다. 대학은 좋은 교육으로 대학의 질을 높여야 합니다. 그런데 혹시 대학배치표를 만드는 관계자를 은밀히 만나 로비를 해서 대학의 위상을 높이려 하고 있는지도 모를 일입니다.

공교육을 뛰어넘는 사교육의 영향력이 이제 우리 사회의 권력이 되었습니다. 2024학년도에 치러진 수학능력시험에서 원점수나 표준점수 수석이 모두 서울의 한 유명 사설학원에서 나왔습니다. 대학합격자 발표가 끝나자마자 재수를 하려는 학생들이 앞다퉈 그 학원에 등록하기를 원합니다. 그래서 그 학원의 입원 경쟁률도 매우 치열합니다. 우리나라가 정상적인 사회라면 수학능력시험에서 수석을 한 재수생의 이야기나 유명 사설학원에 관심을 두지 않을 것입니다. 그보다는 훨씬 많은 학생들이 미래사회를 행복하게 살아갈 수 있도록 대학 입학 시스템을 만들고, 경제적 계층을 심화시키는 취업 구조를 바꾸려고 노력할 것입니다.

능력 만능주의 사회에서는 부모의 경제력 영향을 크게 받습니다. 능력 만능주의에서는 승자와 패자가 반드시 갈리게 됩니다. 승자는 선(善)으로, 패자는 노력을 하지 않은 악(惡)으로 간주됩니다. 따라서 승자가 이익을 독점하는 것이 당연시되고, 패자는 그것을 그대로 인정할 수밖에 없습니다.

명문대학에 합격하기 위해서는 사교육을 받아야 하는데 엄청난 돈이 들어갑니다. 부모나 조부모가 돈이 없으면 공부를 잘하기 어려운 세상입니다. 그래서 경제적으로 어려운 사람들에게 대학입시 제도, 특히 수학능력시험은 공정하지 못합니다. 정답을 고르는 수학능력시험에서 고득점을 얻기 위해서는 사교육을 받으면서 점수를 높일 수 있는 기술을 반복적으로 훈련받아야 하기 때문입니다. 그래서 재수생이나 삼수생, 사수생들이 늘어나고, 해마다 명문대학 재수생 합격생 비율도 높아지고 있습니다.

산업화시대에는 학교교육에만 충실해도 공부를 잘할 수 있었습니다. 한국전쟁 후 베이비붐의 사회적 경향에서 태어난 전후 세대, 특히 1955년에서 1963년 사이에 태어난 베이비부머들은 학교 공부만으로도 계층을 이동할 수 있었습니다. 그러나 점차 사교육이 팽창하면서 학교교육의 지적 기능이 약해지고 해가 갈수록 대학입시는 사교육의 영향을 받고 있습니다. 그 결과 교육의 계층 이동 기능이 현저히 약화되고 있습니다.

우리 교육은 개인의 성공이나 출세까지 학교교육에서 다 책임져야 한다는 의무감 같은 게 있습니다. 일반고 교사들은 제자들의 성공을 보장하는 명문대에 진학시키기 위해 밤낮을 가리지 않고 노력합니다. 특성화고 교사들은 봉급을 많이 받을 수 있고, 복지 혜택이 좋은 기업체를 찾아다니며 제자들이 취업할 수 있도록 힘을 쏟고 있습니다. 명문대에 진학한 학생들은 대기업에 취업했고, 고위 공무원이 되기도 했습니다. 그리고 좋은 기업체에 취업한 학생들도 경제적으로 여유롭게 살 수 있었습니다. 그러나 학교에서는 그보다 훨씬 많은 학생들이 사회에 진출해서 자신의 삶에 별로 보탬이 되지 않는 교육을 강제로 받습니다. 소수 학생들의 성공을 뒷받침하기 위한 희생양이 되고 있습니다.

이런 우리 교육의 현실을 잘 표현한 자전거 탄 풍경의 노래 〈아빠가 미안해〉 가사에는 공감 가는 구절이 있습니다.

"손을 잡고 나란히 걷기엔 가야 할 길이 너무 비좁다 했지. 모두 함께 나누며 살기엔 부족한 세상이라고 말해 왔어. 느끼기보다는 많이 알아야 한다고, 친하기보다는 이겨야 한다고 가르쳤지. 네가 지닌 꿈과 장점들을 있는 그대로 인정하지 않고 이루지 못했던 나의 꿈을 어느새 너에게 강요해 왔어. 하고 싶은 일이 있으면 더 높이 올라가야 한다고 했지. 주위를 둘러볼 시간에 한 걸음이라도 빨리 뛰어라 했지." 그래서 아빠가 미안하다고 말합니다.

이처럼 학생들은 미래의 행복을 위해 오늘을 저당 잡혀 살아가고 있는 듯합니다. 지금 보내는 몇 시간도 인생에서 마땅히 존중받아야 할 시간인데 말입니다. 미래의 행복을 위해 지금의 행복을 희생시키는 삶을 살고 있습니다. 학생들을 한 줄로 세우는 입시 경쟁을 멈추지 않고서는 미래에 역량을 발휘할 인재를 길러내기 어렵습니다.

이제 우리나라도 대학교는 차별을 덜 받기 위해 어쩔 수 없이 가야 하는 곳이 아니라 깊이 있는 공부를 하고 싶어 하는 학생들만이 진학하는 곳이면 좋겠습니다. 더불어서 대학에 가지 않아도 차별받지 않고 살아가는 사회가 되면 더욱 좋겠습니다. 또한, 사회에서 각종 직업에 종사하다가 전문 분야를 더 공부하고 싶어 하는 사람이면 누구나 대학에 진학할 수 있는 교육시스템도 더 확대되면 좋겠습니다.

유대인 교육에서 무엇을 배워야 하는가

　전성수 박사는 《부모라면 유대인처럼 하브루타로 교육하라》라는 책에서 류모세 선교사와의 인터뷰를 소개하고 있습니다. 류모세 선교사는 한국에서 한의학을 전공하고 이스라엘에 유학을 가서 의학을 공부한 사람입니다. 류 선교사는 한국인은 성적과 등수에 매달리지만 유대인에게는 숫자로 표시되는 성적이라는 개념 자체가 거의 없다는 점, 유대인들의 시험은 모두 서술식으로 치러져 철저하게 사고력 자체를 기르는 데 중점을 두고 있다는 점이 우리 교육과 다르다고 얘기합니다.

　"유대인 교육과 한국인 교육이 다른 점은 주입식이냐 창의식이냐, 부모가 주도하느냐 부모가 뒷받침하느냐, 단순암기식이냐 문제해결식이냐 등에 있는 것으로 보인다. 나는 한국에서 한의학을 전공했고 히브리대학원에서 의학을 공부했다. 그런데 의학도 토론식으로 공부하고 창의적인 사고를 중시하는 데 놀랐다. 한국에서는 무조건 외워서 시험을 본

다음에 바로 잊어버리기를 반복했다. 그러나 이곳의 시험은 대부분 '오픈 북'으로 치러진다. 문제 상황을 제시하고 그동안 배운 내용과 책에 있는 내용을 종합해서 어떻게 적용하고 활용할 것인지 쓰게 한다. 의학 공부도 창의적으로 할 수 있다는 점에서 감탄했다."

우리나라 학생들은 기존의 지식을 외웁니다. 그래서 2022년, 국제학업성취도평가(PISA)에서 경제협력개발기구(OECD) 37개국 중 수학 1~2위, 읽기 1~7위, 과학 2~5위를 기록하며 모든 영역에서 경제협력개발기구 평균보다 점수가 높은 것으로 나타났습니다. 그러나 유대인들은 지식을 외우는 대신에 토론을 통해 생각하는 법을 배웁니다. 자발적인 참여와 토론에 의한 학습, 스스로 탐구하는 학습 그리고 논리적 사고가 중요시되는 교육을 받고 있습니다.

유대인들이 고등학교 교육과정까지 교과 지식이 우리나라 학생들보다 뒤쳐질망정 고등학교 졸업 후 대학에서는 창의력이 극대화됩니다. 어렸을 때부터 생각하는 법을 배웠기 때문에 스펀지처럼 지식을 습득히고 새로운 것을 창조해 나갑니다 전성수 박사의 연구에 의하면 유대인들은 우리나라 학생들보다 IQ는 높지 않지만 노벨상의 30%를 차지한다고 합니다. 또한, 유대인들은 미국 인구의 2%에 불과하지만 미국 GDP의 15%를 차지하며, 미국 상위 400가구의 부자 중에서 유대인은 23%를 차지하고 있습니다. 미국 최상위 40가구 중에서는

40%가 유대인이라고 합니다.

우리나라 학생들이 성장해서 사회에 진출하면 정답이 하나인 상황만 있는 것은 아닐 것입니다. 학교에서 오지선다형 문제를 풀면서 오로지 하나의 정답만을 찾았던 학생들이 사회에 진출하면 혼란스러울 수밖에 없습니다. 세상사는 법을 가르치는 것이 교육이라고 한다면 학교교육을 통해 다양한 상황에서 어떻게 대처해야 하는가를 직접 체험할 수 있도록 하는 것이 좋습니다. 명문대 출신들의 최대 약점은 실패한 경험이 없는 것이라고 합니다. 암기 능력이 매우 우수해서 정답을 정확히 찾아내는 실력을 갖춰 학창 시절에 한결같이 좋은 점수를 받다가 정답이 없는 사회에 진출해서 새로운 해답을 찾아내는 창의성을 발휘하기가 쉽지 않을 것입니다. 사회에서는 창의성도 중요하지만 협력하는 능력이 더 중요한데 교과 공부에만 집중하다보니 학교에서 그런 경험을 체득하지 못해서 개인의 발전도 더디고 국가의 발전에도 기여하기 어려울 수밖에 없습니다.

지역사회에서 지도자들은 대체로 학교 재학 시절에 공부를 매우 잘한 사람이 드뭅니다. 시의원, 도의원, 각종 단체의 회장들은 학창 시절에 교과 공부보다는 인간관계를 잘한 사람들이 대부분입니다. 지방선거 공보물을 보면 후보자들의 학력이 높은 사람도 거의 없습니다. 그런데도 이분들이 지역사회의 지도자가 되는 것을 보면 인생은 참 공평하다는 생각이 듭니다. 학창시절에 오지선다형에서 정답을 찍어내는 능력은 미흡했을지라도 정답이 없는 인생에서 해답을 잘 찾아가는 실력은 출중하기 때문입니다.

학교교육은 공동체 속에서 어떻게 살아야 하는가, 그리고 공동체에서 어우러져 함께 살기 위해서는 어떻게 행동해야 하는가를 가르쳐야 하는 것이 기본입니다. 특히, 의무교육인 초등학교, 중학교는 그런 목적으로 교육을 받아야 합니다. 친구들과 어울려 다양한 체험을 하면서 마음껏 뛰어노는 놀이터를 제공해 주는 역할에 학교는 충실해야 합니다. 그래서 친구들과의 갈등을 해결해 낼 수 있는 능력, 새로운 놀이문화를 만들어 낼 수 있는 창의력, 너와 내가 힘을 합쳐 우리를 만드는 협력 능력을 지닌 사람을 길러내야 합니다.

이제, 행복을 경험하는 교육이 필요하다

학교에서 행복을 경험한 학생들이 사회에서도 행복할 수 있습니다. 학교교육이 행복을 체험하는 교육이어야 하는 이유입니다. 그러나 지금까지 우리 교육은 1, 2등급에 해당하는 상위 11%의 학생만을 위한 교육에 치중해 왔습니다. 특히, 고등학교교육에서는 더욱 그러합니다. 모든 학생들이 수능으로 대학을 가는 것도 아니고, 굳이 대학에 진학할 이유가 없는 학생들이 있음에도 불구하고 초등학교 때부터 오로지 명문대학을 목표로 공부해 왔습니다. 마치 교과 공부가 학교교육의 모두인 것처럼 교육했습니다.

그래서 많은 학생들이 학교에서 즐거움을 경험하지 못합니다. 호기심과 배움의 기쁨으로 가득해야 할 수업 시간에 잠을 자는 학생들도 점점 늘어나고 있습니다. 미래를 위해 희망에 가득 차 있어야 할 학생들이 교과 공부에서 흥미를 찾지 못하고, 좌절부터 경험하는 것이 안타깝습니다.

좀 더 깊이 생각해 보면 1, 2등급을 받는 성적이 우수한 학생들도 학교생활이 행복하지는 않을 것입니다. 끊임없는 경쟁 속에서 항상 긴

장한 상태로 공부해야 하기 때문입니다. 인간의 가장 기본 욕구인 잠조차도 줄이면서 밤새워 공부해야만 치열한 경쟁에서 승리할 수 있기 때문입니다.

부모의 공부 강요로 서울대에 입학했으나 곧바로 휴학을 한 어느 학생의 이야기는 가슴을 먹먹하게 합니다. 그 학생은 휴학 후 과외로 돈을 벌어 원룸 보증금을 마련했습니다. 그리고 부모님의 집을 나왔습니다. 부모의 희망대로 서울대에 합격했으니 이제는 제 마음대로 하고 싶은 걸 하면서 살아 보고 싶다고 합니다. 공부만을 강요했던 부모의 소원을 들어주었으니 이제는 더 이상 부모와 엮이고 싶지 않다고 합니다. 서울대를 포기하는 자기 인생이 너무 아깝기는 하지만 부모의 소망이 아닌 본인의 의지대로 살고 싶다고 합니다.

이렇게 따지고 보면 공부를 잘하는 학생들도 엄청난 스트레스 속에서 살아갑니다. 자기 의지대로 살기도 어려울 뿐만 아니라 학교에서도 늘 경쟁에 내몰리기 때문입니다. 맨 앞줄의 학생들은 추월당할까 봐 불행하고, 뒤처진 학생들은 열등감으로 인한 슬픔을 경험합니다. 서로 경계를 하고 질투하고, 미워하고, 좌절하고, 무기력에 빠집니다. 그래서 대부분의 학생들은 학교에서 행복을 경험할 수 없을 것입니다. 학생들이 행복하지 않으니 그 스트레스는 온전히 교사가 받아야 합니다. 그러니 교사도 학교에서 행복할 수 없습니다. 너무나도 슬픈 현실입니다.

산업화 시대에도 학업에 따른 경쟁은 심했습니다. 그렇지만 선생님들은 학생들을 넓은 가슴으로 안아 주고 싶은 마음이 있었나봅니다. 생활통지표 얘기입니다. 과거에는 통신표(通信票)라고도 했습니다. 거기에 학생의 지능이나 품행, 건강상태, 학업 성적 등을 기재했습니다.

매 학기나 학년 말에 가정으로 통신표를 보내서 학부모의 확인을 받아 와야 해서 품행이나 성적이 좋지 않은 학생들은 곤혹스러웠습니다. 특히, 학생들의 생활 태도를 '가, 나, 다'로 표기하고 학교에서 하는 행동을 교사들이 사실 그대로 적어 놓아서 비행을 자주 저지르는 학생들은 부모님께 곤욕을 치르곤 했습니다. 학업 성적은 단계별 성취도에 따라 '수, 우, 미, 양, 가'로 표기했습니다. 제가 주목하는 것은 당시 성적 표기 방법인 秀(수), 優(우), 美(미), 良(양), 可(가)의 의미입니다.

秀(수)는 성적이 빼어나다는 뜻입니다. 90점 이상의 점수를 받기 위해 앞만 보고 열심히 공부했다는 의미일 것입니다. 오로지 공부에만 전념해야 얻을 수 있는 성적입니다. 優(우)는 넉넉하다는 의미를 담고 있습니다. 앞을 보고 공부도 열심히 하면서도 옆도 돌아보면서 친구들과 함께할 수 있는 여유도 있습니다. 美(미)는 아름답다는 의미입니다. 앞도 보고, 옆도 보고, 뒤도 돌아보면서 친구들과 두루두루 잘 어울리면서 잘 생활한다는 의미입니다. 良(량)은 어질다의 의미로서 마음이 너그럽고 착하며 인정이 많고 슬기롭다, 인자하고 덕행이 높다는 뜻입니다. 可(가)는 옳다, 가능하다, 듣다, 좋다라는 뜻도 있습니다. 비록 학업성취도는 낮지만 세상을 긍정적으로 바라보며 함께 가기를 좋아해서 발전 가능성이 매우 높다는 의미를 지니고 있습니다.

이렇게 그 의미를 찾아보니 '수, 우, 미, 양, 가'가 모두 좋은 뜻으로 쓰였습니다. 한 학급에 60~70명 정도 되고, 그만큼 경쟁도 심했던 당시에도 교육 관련자들은 모든 학생들을 소중하게 여기고, 깊이 사랑하고, 아끼는 마음을 통신표에 고스란히 담고 싶었을 것입니다.

산업혁명을 거치면서 만들어진 학교교육 체계는 노동력을 만들어 내는 과정이었습니다. 기술이 부족해서 전문 기술을 가진 기술자들을 짧은 시간에 최대한 많이 만들어 내기 위한 단 품종 대량 생산 체계였습니다. 이러한 교육체계가 현재까지도 이어지고 있는 듯합니다. 그러나 앞으로는 4차 산업혁명과 맞물려서 노동의 의미가 달라질 것입니다. 앞으로는 취업도 중요하지만 노동을 통해서 개개인이 양질의 삶을 살아갈 수 있는 방법을 찾는 방향으로 교육이 변화될 것입니다. 그렇게 하기 위해서는 학교교육이 획일성에서 벗어나야 합니다. 다르게 사는 사회, 다양성이 있는 사회여야 각자 좋은 삶의 방식을 찾아갈 수 있습니다.

또한 학교교육에서 학습 성취도에 올인하는 것보다는 협력과 소통의 능력을 높이는 것이 더 중요할 것입니다. 앞으로 개별학습은 인공지능과 가상현실 같은 기술로 도움을 받을 수 있을 것입니다. 현재는 물론, 학생들이 살아갈 미래에도 서로 협력할 수 있는 사람, 스스로 생각할 수 있는 사람, 상급자의 지시가 없어도 스스로 문제 해결 능력을 갖춘 사람이 필요합니다. 그래서 탄력적 교육과정을 운영하고 교육과정의 재구성을 통해서 프로젝트 학습, 토의수업, 토론수업 등이 활성화되는 바람직합니다.

　교사들의 역할도 변해야 합니다. 학생들의 머리에 지식을 넣어주는 것이 아니라 학생 스스로 문제를 해결해 나갈 수 있도록 도와주는 조력자가 되어야 합니다. 티칭도 중요하지만 코칭의 역할을 점차 늘려가야 합니다. 그러면서도 학생들이 민주시민으로서 기본적인 소양을 갖추고 바른 가치관을 가질 수 있도록 교육해야 학생들이 행복한 삶을 스스로 만들어 갈 수 있습니다. 똑똑하지 않아도 잘 살 수 있는 세상이 좋은 세상입니다.

김종민

남들보다 똑똑해야
살 수 있다는 세상일수록
해맑은 사람이 부럽다

가수지만 노래 잘 못하고
연예프로그램 주인공 아니어도
아무도 비웃지 않는다

조금 부족하고 모자라서
조연으로 연예대상을 받아도

박수 보내며 함께 기뻐한다

너를 보며 쉴 수 있다는 건
너를 보며 웃을 수 있다는 건
너로 인해 행복하다는 말이다

경쟁 없이도 살 수 있고
속이지 않아도 살고 싶다는 소망들이
마음속 가득 모여 있기 때문이다

행복교육을 위해
우리는 무엇을 해야 하는가

교육학에서 메슬로의 인간 욕구 5단계를 공부한 바 있습니다. 1단계 생리적 욕구는 인간의 생물학적 유지와 관련 있는 음식, 수면, 물, 휴식, 건강 등이 해당하는데 이런 욕구를 만족하지 못하면 2단계 이상의 욕구를 추구하지 못합니다. 2단계 안전욕구로서 가정에서부터 안전함과 편안함을 느껴야 학교에서도, 사회에서도 더 성장할 수 있습니다. 가정에서 가족들의 불화가 잦거나, 화목하지 못해서 가정교육이 제 기능을 발휘하지 못하면 학생들은 불안을 느껴 학교생활에 잘 적응하지 못합니다. 3단계는 소속과 사랑의 욕구입니다. 다른 사람들과의 애정, 소속에 대한 욕구, 사랑을 주고받고자 하는 욕구로서 사랑을 받으면 자신이 가치 있다는 느낌을 받게 됩니다. 그러나 사랑을 받지 못하면 무가치감과 적대감을 갖게 되어 신경증이나 정신병 등의 원인이 되기도 합니다. 4단계 존중의 욕구로서 자존감의 욕구이기도 합니다. 이것은 자신을 괜찮은 사람으로 여기고 긍정적으로 평가하는 데서 생겨납니다. 자신을 존중하고 신뢰하며 가치 있다고 생각하는 것입니다. 이 욕구가 충족되지 못하면 열등의식이나 무력감을 갖게 되어 자기를 비하하게 됩니다. 5단계 자아실현의 욕구는 앞 단계의 욕구가 모두 충족되어야만 실현될 수 있습니다. 5단계에서는 자신의 잠재력을 최대한 발휘하여 자신의 원하는 것들을 성취하려는 욕구입니다.

정리하자면 인간은 물질적 빈곤에서 벗어나 기본 욕구인 생리적 욕구가 안정되어야 합니다. 다음으로 심리적으로 불안감이나 공포감을 벗어날 수 있는 안전한 환경이 구비되어야만 자기감정을 조절할 수 있습니다. 그런 후에 비로소 소속감을 느끼며, 다른 사람과 사회적 관계를 맺어 갈 수 있습니다. 이렇게 더불어 살아가는 삶이 배려와 존중의 삶으로 연결되고 나서야 비로소 진로나 진학, 공부에 관심을 갖게 되는 것입니다.

따라서 학생교육에서 행동 교정보다는 1, 2, 3단계의 욕구를 충족시키는 것이 우선이어야 합니다. 그래야만 4단계에서 자존감이 높아지고 이를 바탕으로 학습이나 학교생활에 매진할 수 있을 것입니다.

교장실을 방문하는 학생들에게 어떤 선생님을 좋아하는지, 어떤 선생님이 싫은지를 물어본 적이 있습니다. 학생들이 좋아하는 교사는 자상하고 편안한 교사, 그리고 학생들을 배려하는 교사, 학생의 입장을 이해하는 교사였습니다. 반면에 싫어하는 교사는 화를 잘 내는 교사, 자기주장만 하거나 잔소리가 많은 교사, 사소한 일로 끝까지 따지는 교사와 학생들을 이해하려고 노력하지 않는 교사였습니다.

수업을 잘하는 교사를 학생들이 가장 좋아할 줄 알았는데 적잖은 충격이었습니다. 고등학교 교사 시절에 교직 선배님들이 '일반고에서는 수업만 완벽하면 다른 건 일체 신경 쓸 것 없다.'는 말씀을 했습니다. 그래서 저도 '앉으면 교재 연구, 일어서면 수업'을 일상화했습니다. 그랬던 제 믿음이 확실하게 깨졌습니다.

학생들은 메슬로의 욕구 이론에서 1, 2, 3단계에 해당하는 이해심이 높고 포용력 있는 교사를 선호했습니다. 과거에는 모든 지식이 학교에서만 배울 수 있어서 수업을 잘하는 교사가 최고의 인기가 있었고 존경을 받았습니다. 그러나 인터넷 강의를 비롯한 사교육이 일반화된 현실에서 학생들은 굳이 교사에게만 배우려고 하지 않습니다. 오히려 학교에서 자신의 존재감을 확인하고, 함께 어울리며 살아가는 즐거움을 느끼고 싶어 했습니다.

그래서 이제 학교교육도 학생들이 심리적인 불안이나 공포에서 벗어날 수 있는 환경을 조성하는 것이 우선입니다. 편안한 환경에서 학생들이 자존감을 높여 스스로의 감정을 잘 조절하면서 동료들과 함께 살아가는 소속감을 느끼고, 사회적 관계를 원만하게 맺을 수 있도록 돕는 것이 교사의 역할이 되었습니다.

따뜻한 민주시민이
커 가는 어울림학교를 만들자

27개월의 군입대 기간을 포함하여 39년의 교직경력의 대부분을 학생들과 함께하면서 교육기본법 제2조에 있는 '교육의 이념에 충실한 학교'라면 '학생들이 학교에서 참 행복하겠다.'는 생각을 했습니다. 가정에서 보살핌을 충분히 받지 못하는 학생들, 부모님의 과잉 기대에 힘겨워하는 학생들도 학교에서만큼은 행복했으면 좋겠다는 소망을 키웠습니다. 학교에 오면 오래오래 머무르면서 친구들과 함께 아름다운 추억을 만들어 가는 학교, 개개인의 잠재력을 키워 세계 방방곡곡을 누빌 역량 있는 글로벌 인재로 커 가는 학교면 참 좋겠다는 생각을 했습니다.

그래서 학교를 경영하면서 학교의 비전을 '행복한 미래를 준비하는 참삶교육 실현'으로 설정했습니다. 그 비전을 달성하기 위해 구성원 모두가 함께 노력해야 할 교육목표를 '따뜻한 민주시민이 커 가는 어울림학교'로 정했습니다. 그리고 교직원, 학생들과 교육목표를 공유하며 모두가 같은 방향을 보고 함께 걸어가려고 노력했습니다.

그러면 우리 학교에서 추진했던 교육목표 '따뜻한 민주시민이 커 가는 어울림학교'의 개념에 대해 살펴보고자 합니다.

따뜻한 교육

'따뜻한 교육'은 교육의 핵심입니다. 따뜻한 교육은 학교교육이 대학입시에 초점을 맞추어 주입식 교육, 암기 위주의 교육, 지식 교육에 치중하여 지나치게 이성을 중요시한 것에 대한 반성에서 출발합니다. 우리의 일상생활에서는 이성보다는 감성이 우선인데도 학교교육에서는 이성에 기반한 지식 교육에 심혈을 기울이고 있습니다. 이렇게 이성 중심의 지식 교육을 강조하다보니 학생들은 정서가 메말라 갑니다. 교과공부에 대한 부담감이 학생들에게 스트레스로 다가옵니다. 그 스트레스가 점점 커져 그것이 폭발함으로써 학교폭력이 발생하게 되고, 선생님들과의 갈등으로 번지게 됩니다.

따뜻한 교육의 중심에는 존중이 있습니다. 존중은 상대방의 감정을 수용해 주고 공감해 주는 활동입니다. 정혜신은 적정심리학 《당신이 옳다》에서 "갈등으로 인한 불편함은 끼니때마다 찾아오는 허기만큼이나 잦은 문제다. 일상에서 배고픔이 해결되지 않으면 짜증이 많아지거나 폭력적으로 변하거나 무기력해진다. 마찬가지로 삶의 바탕인 인간관계의 갈등들이 해결되지 않고 쌓이면 마음도 엇나가고 삶도 뒤틀린다. 안정적인 일상을 위해서 꼭 필요한 것이 집밥 같은 치유다."고 강조하면서 '약물치료보다 더 빠르게 사람 마음을 움직이는 힘이 공감이다.'라고 말합니다.

학생들이 감정적으로 흥분하면 이성적으로 생각하기 어렵습니다. 흥분한 상태에서는 우발적인 행동이 나오게 되고, 이것을 제지하면 선생님을 무시하거나 폭력적인 행동으로도 이어집니다. 감정이 치솟고 차오르면 이성이 마비되거나 무력해집니다. 따라서 감정 홍수 상태에서는 지적인 능력이나 이성을 기대할 수 없는 것입니다.

교사들이 학생을 지도하기 위해서 하는 말씀은 다 옳은 말입니다. 하지만 감정을 읽어 주지 못하거나 학생의 감정을 무시할 때 학생들은 거짓말을 하거나 대들게 됩니다. 이때 옳은 말이나 맞는 말로 설득하고 충고하고 훈계하는 것은 아무런 도움이 되지 않습니다. 먼저 학생의 감정 수위를 낮춘 다음에 이성이 회복되면 대화를 시작해야 합니다.

학생은 시행착오를 통해서 성장하기 때문에 언제나 문제를 일으킬 수밖에 없습니다. 그것이 정상입니다. 청소년기에 아무런 문제가 없이 성장한다는 것은 역으로 더 큰 문제를 안고 있다는 뜻일 수도 있습니다. 평소에 자신의 생각과 감정을 드러내지 않던 학생이 큰 사고로 위험에 빠지는 사례를 종종 겪은 바도 있습니다.

사람은 다 다릅니다. 그래서 문제 상황도 다 다를 수밖에 없습니다. 그 다름이 틀림이 아님을 알아야 합니다. 학생들은 공장의 균일한 상품이 아닙니다. 저마다의 개성이 있는 유일한 창작품입니다. 그래서 그 다름을 존중해 주고, 다른 감정을 인정해 주어야 합니다. 그래야 비로소 교사의 가르침을 순순히 받아들일 수 있게 됩니다. 그것이 따뜻한 교육입니다. 이렇게 학생들을 대할 때 '괜찮아 정신'으로 포근하게 감싸 주고 좀 더 너그러워지면 학교는 훈훈해집니다.

괜찮아

실수해도 괜찮아
잘 못해도 괜찮아

스스로의 삶에서 의미를 찾으며
조금 늦게 핀 꽃도 아름다우니까

민주시민 교육

'2022 개정 교육과정'에서는 민주시민 교육은 "학생이 자기 자신과 공동체적 삶의 주인임을 자각하고, 비판적 사고를 통해 자신이 속한 공동체의 문제를 상호 연대하여 해결할 수 있도록 지원하는 교육"이라고 정의하고 있습니다. 교육부는 2022 개정 교육과정 총론 주요 사항에서 사회를 살아가는 시민으로서 갖춰야 할 역량 강화와 공동체 가치 함양을 위해 민주시민 교육과 연계하여 평화, 인성교육. 인문학적 소양 교육을 내실화할 계획이라고 합니다.

학교에서 가장 필요한 교육은 민주시민 교육입니다. 교육 패러다임이 전환되고 이에 맞춰 교실 수업에서도 변화하고 일어나고 있지만 아직은 교과 지식과 이해 능력을 키우는 데 수업의 초점이 맞춰져 있습니다. 그래서 생활 속에서 민주시민 교육을 실천하기는 쉽지 않습니다. 더욱이 50대 이상의 교사들은 국민교육헌장에서 말하는 "민족 중흥의 역사적 사명을 띠고 이 땅에 태어나"서 "나라의 융성이 나의 발전의 근본임을 깨달아, 자유와 권리에 따르는 책임과 의무를 다하며, 스스로 국가 건설에 참여하고 봉사하는 국민정신을 드높"여 왔기 때문에 개인보다 국가를, 시민보다는 국민을 중시했던 교육을 진리로 받아들였습니다. 지금의 40대 이하의 젊은 교사들도 그런 교육을 받은 교사들로부터 배웠기 때문에 개인의 행복을 강조하는 민주시민 교육에는 익숙하지 않습니다.

민주시민은 개인의 행복 추구권을 인정하고 다른 사람의 인권을 존중하며 공익을 위한 일에 앞장설 수 있는 역량을 가진 시민을 말합니다. 민주주의는 그 구성원 누구나가 인격적으로 존중받고 개인의 행복을 추구할 수 있는 권리가 있습니다. 나아가 나와 우리가 함께 협력해서 공동체를 살리고, 사회를 발전시키며, 공익에도 기여합니다.

민주시민은 자신을 존중하는 것을 바탕으로 다른 사람의 인권도 존중합니다. 다른 사람과 협력하며 사회 발전을 위해 노력합니다. 학생들이 민주시민으로 성장하기 위해서는 무엇보다도 학생들의 실제 삶의 현장인 학교에서 실천 가능한 구체적인 민주시민 교육이 이루어져야 합니다. 민주주의가 잘 정착된 국가에서는 국민이 개인으로서의 권리도 누릴 수 있습니다. 나아가 공동선의 실현을 위해 개인이 자발적으로 나서서 더불어 살아가는 사회를 만들어 갑니다.

따라서 인권 존중을 기반으로 하는 민주시민 교육이 학생회를 중심으로 한 학생자치문화와 맞물려 함께 가는 것이 좋습니다. 이렇게 될 때 배움의 주체인 학생들이 스스로 사회 현상을 비판적으로 바라보고 합리적으로 판단하는 활동을 하면서 민주시민으로 성장할 수 있습니다.

우리가 우리나라의 교육 현실을 인정해야 학교교육의 변화가 시작됩니다. 그동안 학교교육에서 부족했던 자율성, 책임감, 공동체 의식, 연대, 공익 등에 기여하는 교육을 하기 위해서는 건강한 개인주의가 필요하다고 생각합니다.

우리는 학창 시절에 개인주의를 이기주의와 유의어로 배웠습니다. 공동체를 우선시하는 당시의 문화에서 개인의 의견을 말하고 개인의 삶을 소중하게 생각하는 것은 공동체의 이익에 손해를 끼치고 자신의 이익만을 추구하는 아주 부도덕한 삶이라고 생각했습니다. 학교 친목회와 회식이라도 있는 날이면 가정에 아무리 급한 일이 있다고 해도 2차, 3차 모임까지 참석하는 것이 학교와 그 구성원들을 사랑하는 기본적인 예의라고 여겼습니다. 그래서 아직까지도 자기만 챙기는 개인주의는 참 나쁜 것이라는 이미지가 강하게 남아 있습니다. 그래서 우리 사회는 개인주의보다는 집단주의에 매몰돼 자신의 자율의지에 따라 하고 싶은 일도 마음대로 하지 못하고 눈치를 보는 문화가 아직도 남아 있습니다.

이기주의는 자기만의 이익과 행복을 위하여 남이나 사회 일반의 이해를 돌보지 않는 사고방식이기 때문에 개인주의와는 다릅니다. 개인주의는 개인에 대한 존중에서 비롯됩니다. 개개인 학생의 정체성을 인정해 주는 교육입니다. 개개인 학생의 특성을 존중해 주는 교육입니다. 자신의 삶을 스스로 설계해 나가도록 돕는 교육입니다. 개인의 삶의 질 향상을 위해 실생활과 연계된 삶의 공부에 더 관심을 갖도록 하는 것입니다. 그리고 남과 비교하지 않는 교육입니다. 그래서 교사는 학생 스스로 학교의 주인공이 될 수 있는 교육환경을 만들어 주어야 합니다. 학생들이 주인답게 행동할 수 있도록 응원해야 합니다. 그래야 학교가 행복의 물결이 넘실댈 수 있습니다. 학교에서, 사회에서 차마 존경할 수 없는 사람이라도 존중할 수는 분위기가 넘쳐나야 비로소 민주주의가 꽃을 피울 수 있습니다. 민주시민 교육은 개인의 삶을 존중하는 데서 시작됩니다.

커 가는 교육

'커 가는'의 개념은 매우 중요합니다. 학교교육은 교사도, 학생도, 학부모도 모두 커 가는 교육이라고 생각합니다. 지금까지 학교라고 하면 '교사가 가르치고 학생은 배우는 곳'이라는 것이 기본 관념으로 자리 잡고 있습니다.

그러나 학교는 교사와 학생 모두가 함께 배우는 공간이어야 합니다. 가르칠 教자를 한한(漢韓) 사전에서 찾아보면 앞의 孝는 본받다는 뜻으로 아랫사람이 윗사람에게서 배우는 동작입니다. 뒤의 攵은 윗사람이 아랫사람에게 베푸는 동작입니다. 손으로 폭 소리가 나게 두드린다는 뜻으로 '치다, 채찍질하다'라는 뜻도 있습니다. 이 두 동작은 表裏一體(표리일체)가 되어 상호작용을 가하는 것이므로 '가르치다'란 뜻을 나타낸다고 기록되어 있습니다.

배울 學자의 본래 뜻은 '어린이가 가르침을 받아서 無知(무지)에서 벗어난다.'라는 의미가 있습니다. 한한(漢韓) 사전에서 '學'자의 의미 중 맨 마지막 줄에 '가르치다'는 뜻도 찾아볼 수 있습니다. 이렇게 살펴보면 '배운다는 것은 가르치다'로 해석할 수 있습니다. 學이 곧 敎라는 의미입니다.

그래서 敎學相長(교학상장)이라는 성어가 만들어진 것으로 보입니다. 다른 사람을 가르치는 과정에서 자신이 모르는 것을 깨우친다는 것이지요. 가르치고 배우면서 서로 성장해 간다는 의미입니다. 그러므로 가르치는 것은 배우는 것이요, 배우는 것은 가르치는 것이라고 할 수 있습니다.

비슷한 성어로 줄탁동시(啐啄同時)가 있습니다. 병아리가 알에서 깨어나기 위해서는 어미 닭이 밖에서 쪼고, 동시에 병아리가 안에서 쫀다는 의미입니다. 이렇게 병아리와 어미 닭이 서로 도와야 일이 순조롭게 되어 온전한 병아리로 탄생할 수 있다는 것입니다. 그러므로 학교에서 학생과 교사가 모두 배움에 중점을 두고 공부하면 함께 배우며 성장합니다.

敎學相長(교학상장)이나 줄탁동시(啐啄同時)를 생각하면, 교사가 잘 가르쳐야 한다는 부담감이 다소 줄어들 수 있습니다. 교사는 완벽해야 한다는 강박관념에서도 벗어날 수 있습니다. 교과수업 시간에 함께 생각하고, 토의하고, 해답을 찾아가는 과정이 자연스럽게 이어질 수 있습니다. 의도적이고 계획적인 교육과정을 교육하는 것도 중요하지만 교과서 밖에서도 더 많은 배움의 기회가 있다는 것도 깨달을 수 있습니다.

과거에는 수업 시간에 교사가 학생의 질문에 대답을 하지 못하면 실력 없는 교사로 낙인찍히기도 했습니다. 그런데 교학상장이나 줄탁동시의 개념을 생각한다면 학생들의 어려운 질문에 대해 교사가 "어떻게 그런 참신한 생각을 했어? 선생님도 전혀 고민해 보지 않은 질문인걸. 그런데 이 문제는 나도 잘 모르겠어. 우리 함께 찾아 연구해 보자."라고 답변할 수 있을 것입니다. 질문을 했던 학생도 뿌듯할 것이고, 교사도 당황할 필요가 없습니다. 질문은 학습한 내용 중에서 불확실 것, 잘 이해가 되지 않는 것을 확인하는 과정이니 질문이 활성화된 수업은 학생 참여가 잘 이루어진 수업, 학생이 수업의 주인공인 시간이 되는 것입니다.

그리고 보니 學校(하교)도 學(학)자를 쓰는군요. 학교가 배우는 장소라는 의미입니다. 만약 학교가 가르치는 것이 우선이라면 학교를 敎校(교교)라고 썼을 것입니다. 학교는 교사도, 학생도 모두 배우는 곳이 학교입니다. 가르치면서 배우고, 배우면서 가르치는 과정 속에서 함께 성장해 가는 곳입니다. 누가 키워 주지 않아도 스스로 배움을 통해 커 가는 곳입니다.

어른들은 학창 시절에 민주주의 교육이나 민주시민 교육에 대해 교과서로는 공부했지만 실제로 학교생활을 통해 경험해 본 일은 매우 드뭅니다. 그래서 입으로는 민주주의, 민주시민을 얘기하면서 행동이 비민주적인 경우가 많았습니다. 그러나 지금부터라도 우리는 민주주의를 가르치고 배우면서 학생들과 함께 실천해 가야 합니다. 교사가 학생을 가르친다는 인식만으로는 진정한 민주주의의 동반자가 되기가 어려울 뿐만 아니라 제대로 된 민주주의를 실현하기도 어렵습니다. 교사와 학생 모두가 민주주의를 몸으로 실천하며 시행착오를 거치는 과정을 통해 배우고 깨달으면서 민주시민으로 커 갈 수 있는 것입니다. 학교는 학생과 교사가 상호 도움을 주는 관계가 되어야 하며, 스스로 커 가는 삶의 현장이 되어야 합니다.

어울림 교육

어울림은 조화를 이루는 것입니다. 조화는 서로 알맞게 잘 화합하는 것입니다. 과거의 학교교육은 교과서 중심의 학습에 중점을 두었습니다. 그래서 똑똑한 사람, 잘난 사람을 길러 내는 것을 최고의 목표로 삼았습니다. 그런데 그 똑똑한 사람, 잘난 사람은 크게 성장하는 경우가 드뭅니다. 직장에 막 취업하였을 때는 자신에게 맡겨진 일만 잘하면 되지만, 승진할수록 조직원들과 잘 어울리며 조화를 이루며 협업을 할 수 있어야 회사가 성장할 수 있기 때문입니다. 학창 시절에 공부를 잘한 사람들은 앞만 보고 달려와서 자신의 일은 완벽하게 잘할 수 있습니다. 하지만, 학교생활 중에 옆도 살펴보고, 뒤도 돌아보지 않았기에 인간관계는 다소 서툴 수밖에 없습니다. 협업이 중요한 현대사회에서 독불장군처럼 혼자만 똑똑해서는 곁에서 일을 도와주어야 할 사람이 아무도 따르지 않습니다.

제4차 산업혁명 시대에 학교교육은 앎과 삶이 조화를 이루며 따뜻하게, 인간답게 살아가는 것에 초점을 두어야 합니다. 협력과 공존의 가치를 존중하고 함께 어울려 살아가는 방법을 배우는 곳이 학교의 목표가 되어야 합니다. 이런 이유에서 아무리 사회가 발전해도 학교는 절대 사라질 수 없는 기관입니다. 아니, 학교는 존재할 이유가 더 많아집니다. 인터넷 강의, 학원, 과외가 성행할수록 오히려 학교교육은 더 필요합니다. 인간은 혼자서는 살아갈 수 없기 때문입니다. 학교는 자신이 소중하듯 다른 사람도 귀하고 소중하다는 것을 공부하는 곳이기 때문입니다. 남에게 피해를 주지 않고 살아가는 방법을 몸으로 깨우치는 곳입니다. 혼자서는 살아갈 수 없는 세상에서 어떻게 하면 힘을 모을 수 있을까, 어떻게 하면 서로에게 도움이 되는 삶을 살 수 있을까를 실천해 보는 연습장이기 때문입니다. 오케스트라 연주에서 느끼는 것처럼 서로를 배려하고 존중하는 어울림의 아름다움을 학교에서 실천해 볼 수 있기 때문입니다.

어울림 하면 가장 먼저 떠오르는 사람이 유재석입니다. 유재석은 1990년대 초반 개그 콘서트대회에서 입상하며 화려하게 등장했지만

10여 년 동안 무명생활을 했습니다. 자신보다 더 웃기지 못한 사람들이 TV에서 활발하게 활동하는 것을 보고 마음이 아팠을 것입니다. '내가 하면 더 잘 웃길 수 있는데…….'라고 생각했을 것입니다. 그렇지만 그에게 기회는 주어지지 않았습니다. 10년쯤 무명생활을 하다 보면 포기하고도 싶었을 것입니다. 그러나 유재석은 자신이 유명해져야겠다는 욕심을 내려놓고 다른 개그맨들의 보조 역할에도 정성을 다했습니다. 다른 사람의 개그에 리액션을 크게 하고 진심으로 박수를 쳐주었습니다. 칭찬도 아끼지 않았습니다. 그러던 어느 날, 그에게도 배역이 주어졌습니다. 메뚜기 탈을 쓰고 연기하는 역할입니다. 작은 배역이지만 최선을 다했습니다. 그러나 놀랍게도 그때부터 유재석의 이름이 시청자들에게 각인되기 시작했습니다. 유재석이 자신의 마음을 활짝 열었을 때, 다른 사람을 받아들일 수 있는 여유가 생긴 것입니다. 자신의 마음이 열리니 비로소 다른 사람도 긍정적으로 보인 것입니다. 이렇게 내 마음의 자물쇠를 풀고, 마음의 창문을 활짝 열어 놓는 것이 어울림입니다.

유재석은 2000년대 중반부터 지금까지도 최고의 예능인입니다. 내가 다른 사람보다 훨씬 잘할 수 있다는 사고에서 벗어나서 동료들과 잘 어울리다 보니 그에게도 기회가 주어진 것입니다. 유재석은 어떤 프로그램을 진행하더라도 성공을 시키는 마법과 같은 능력을 지니고 있습니다. 유재석은 말합니다. "저는 남에게 하고 싶은 말을 하는 것이 아니라, 남이 듣고 싶어 하는 말을 합니다." 이렇게 마음의 빗장을

풀고 다른 사람을 긍정적으로 볼 수 있는 여유가 있어야 비로소 남이
보이는 것입니다.

이처럼 어울림 교육은 다른 사람에게서 좋은 점을 찾아내어 그것을
칭찬하는 것입니다. 동시에 자신은 더욱 겸손해지면서 둥그렇게 원을
그리는 사회를 만들어 가면서 살아가는 교육입니다.

유재석

누구를 만나든
먼저 손 내민다
따뜻한 눈맞춤으로
두 손 꼭 붙잡고
토닥토닥 등도 두드려준다
눈웃음 바람결에 봄꽃 피어나
어느 새 넉넉한 품을 만든다
목말랐던 위로의 말 들려주고
굶주렸던 이야기도 실컷 풀게 한다

그와 함께하면
키 큰 나무든 작은 나무든
예쁜 꽃이든 가냘픈 풀이든

사랑꾼 나비든 새침데기 꿀벌이든

흐르는 물이든 스쳐가는 바람이든

모두 모여

둥그런 원을 그린다

햇살 가득한 숲이 된다

웅장하고 포근한 산을 이룬다

교육, 기본으로 다시 돌아가자

앞서 이야기했지만 우리는 교사가 앞장서서 교육을 이끌어 가고 학생들은 교사의 가르침대로 따라오는 것이 교육으로 생각했습니다. 그래서 교사는 학생을 잘 가르쳐야 한다는 책임감으로 언제나 어깨가 무거웠습니다. 내가 담임하는 학생, 내가 가르치는 학생이 학교생활에 잘 적응할 수 있도록 열정을 쏟아부었습니다.

학생들도 선생님들을 어려워했습니다. 1990년대까지는 공부를 잘하는 학생들은 성적, 특히 수행평가로, 비행을 일삼는 학생들은 강력한 체벌을 통해 행동을 제어할 수 있었습니다. 교사들이 책무성이 강하다 보니 학생들을 엄격하게 지도했습니다. 교사들의 학생들에 대한 인식도 현재의 시민이 아니라 미래에 시민이 될 사람, 즉 잠재적 시민으로 여겼습니다. 학생을 온전한 인격체가 아니라 어른이 보호해 주어야 할 대상으로 생각했습니다. 교사는 가르치는 사람이고 학생은 배워야 할 존재로 인식했기 때문입니다.

그러나 이제, 교사가 학생과 학부모들을 두려워하는 시대가 되었습니다. 학생인권조례와 아동학대법의 시행으로 학생에 대한 체벌도 완전히 금지되었습니다. 비행이나 학교폭력을 일삼는 학생들도 더 이상 교사의 지도에 신경을 쓰지 않습니다. 학생들이 바람직한 행동의 변화를 거부하고 선생님의 기대에 어긋나는 행동을 하기 일쑤입니다. 공부를 잘하는 학생들도 학원 수업 등 사교육을 통해서 선행학습을 했기 때문에 학교 수업 시간에 집중할 이유가 사라졌습니다. 학생들이 교사의 권위에 도전하는 것이 일반화되어 간다는 기분도 듭니다. 교사가 학생과 학부모들로부터 상처를 입는 것이 일상이 되어 가는 느낌입니다.

그래서 교사들은 조금씩 지쳐 갑니다. 학생들에 대한 기대도 서서히 무너지고 있습니다. 교사들의 좌절감도 커지고 있고 무기력해지고 있습니다. 이러한 상황임에도 불구하고 사회에서는 학교는, 교사는 도대체 무엇을 하느냐고 따집니다. 교사가 손발이 묶여 있는데, 그래서 할 수 있는 일들이 제한되어 있는데 과거처럼 학교가 학생의 사회화 기능을 온전히 담당해 주기를 요구합니다.

교사들은 본디 책무성이 강한 사람들이기에 교사의 사명감으로 심혈을 다해 학생들을 교육하기 위해 애씁니다. '어떻게 하면 학생들이 배움의 기쁨을 느낄 수 있을까? 어떻게 하면 학생 스스로 성장하는 힘을 키울 수 있을까? 어떻게 하면 학생들이 다른 사람들과 함께 생활하며 민주시민으로 성장할까? 어떻게 하면 학생들이 행복한 세상을 만들어 갈 수 있을까?'를 고민합니다.

그래서 교사들은 학생들이 생활 속에서 삶을 직접 체험하는 수업을 하려고 애씁니다. 교과서 진도 나가기에 급급하지 않습니다. 학생들이 다른 학생들과의 관계 속에서 다양한 경험을 쌓도록 하는 것을 중요하게 여깁니다. 다양한 갈등을 잘 대처하는 법을 배울 수 있도록 응원합니다. 스스로 배우고 깨우칠 수 있는 시간 동안 기다려 줍니다. 학생들은 어른들이 자신의 심정을 이해하고 받아들여 준 경험이 있어야만 스스로 마음의 문을 열 수 있기 때문입니다.

교사가 마음의 문을 열고 먼저 다가감으로써 학생들과 진심으로 만나기도 합니다. 따뜻한 생활교육을 통해 학생들의 인권을 존중합니다. 사랑을 받아 본 경험이 없는 학생들을 진심으로 존중하고 배려합니다. 마음의 상처가 가득한 학생들이 학교에서라도 편안해질 수 있도록 도와줍니다. 친구들과 좋은 교우 관계를 유지할 수 있도록 보살핍니다. 학생들이 자신의 감정을 알고 잘 다스려져 정서적으로 안정되어야 수업에 집중할 수 있고, 긍정의 마인드도 가질 수 있기 때문입니다.

우리나라 학교교육도, 최소한 초·중학교교육에서는 개인의 성공과 경쟁을 중시하고, 양적 성과를 강조하는 미국식 성장 모델에서 서서히 벗어나고 있습니다. 학생들의 삶이 질과 행복을 위한 교육을 위해 개성과 다양성을 존중하는 교육으로 변화하고 있습니다. 개인도 우리 속에 함께하고 있다는 사실을 체득할 수 있도록 교육합니다. 나 혼자만 행복해서는 결코 행복해질 수 없으며 너와 우리가 같이 행복해야 나도 행복해진다는 것을 체험할 수 있도록 노력합니다. 학교의 주인공인 학생들이 학교 문화를 주도할 수 있는 교육 프로그램을 만들어 실천하고 있습니다.

교사들은 조금 더 너그럽게, 조금 더 길게 보는 안목을 길러 가고 있습니다. 학생들은 마음에 드는 선생님, 자신이 좋아하는 선생님이 있으면 그 과목을 열심히 공부함으로써 마음을 표현합니다. 그 반대의 경우에는 그 과목 공부를 포기하고 수업 시간 내내 잠을 자기도 합니다. 그래서 교사들은 조금 더 너그럽게 학생들을 대하며 좋은 교사가 되어 가고 있습니다. 교사의 삶이 좀 더 자유롭고, 행복하고, 여유가 있고, 웃음이 있을 때, 학생들의 얼굴에도 환한 웃음이 피어나고, 마음에는 따뜻한 행복이 들어오기 때문입니다.

시간표 너머에 있는 좋은 교육

《사피엔스》의 저자 하라리(Yuval Noah Harari)는 첫 한국 방문을 기념해 가진 기자간담회에서 의미 있는 메시지를 던졌습니다.

"현재 학교에서 가르치는 내용의 80~90%는 아이들이 40대
가 되었을 때 전혀 쓸모없는 것이 될 확률이 크다."

이 말의 의미는 학생들이 수업 시간에 학습하면서 배우는 것보다는 휴식 시간에 친구들과 놀면서 배우는 것들이 사회에서 더 유용하게 쓰일 수 있다는 얘기도 됩니다.

그래서 가르침은 교사에서 학생 쪽 한 방향으로만 진행되지 않아야 합니다. 교사와 학생, 학생과 학생 간의 상호작용으로 배움이 이루어지는 교육이어야 합니다. 학교는 교과 지식만을 전수하는 곳이 아니기 때문입니다. 시간표 너머에도 좋은 교육과정이 충분히 있습니다. 학생들에게 놀이도 중요한 교육입니다. 인간은 자신이 존중받고 인정받을 때 믿음으로 보답합니다. 교사가 먼저 따뜻한 손을 내밀면서 배

려의 마음을 전하면 학생들의 마음속에도 학교에 대한 믿음이 자라납니다.

교육법 제9조 ③항에서 '학교교육은 학생의 창의력 계발 및 인성(人性) 함양을 포함한 전인적(全人的) 교육을 중시하여 이루어져야 한다.'고 규정하고 있습니다. 교사가 학생과 함께 배움의 동반자가 되어 인성덕목인 정직, 책임, 효, 예절, 존중, 배려, 소통, 협동을 더불어 실천하면서 차별 없는 존중을 근간으로 하는 인권을 존중하는 인성교육을 해야 하는 이유입니다.

인성교육은 말로 가르치는 것이 아닙니다. 교사가 인성을 행동으로 보여 줘야 해서 인성교육이 힘든 것입니다. 교사가 학교생활 중에 하는 모든 언어와 행동 그리고 심성은 학생들의 배울거리입니다. 인성교육이 상이나 벌, 칭찬이나 질책으로 이루어지는 것이 아니라 교사가 날마다 보여 주는 것들로 인해 이루어진다는 점에서 교직은 참 힘든 것이라는 생각이 듭니다.

교사의 행동과 모습은 학생들에게 잘 각인되어 그들의 생각에 영향을 미치고 있습니다. 학교를 졸업하고도 학생들이 기억하고 있는 것은 교사가 열성적으로 가르친 지식이 아닙니다. 스승의 날 꽃바구니를 보낸 제자는 공부를 잘했던 학생이 아니라 교사의 따뜻한 말 한마디에 감동한 학생들입니다.

맨날 지각을 하는 학생에게 "그래, 우리 ○○이가 왔으니 우리 학교 모든 학생들이 이제 다 온 것 같구나. 얼른 들어가자."라고 말 한마디해 주었던 것이 평생 아름다운 학창 시절의 추억이라고 합니다. 가정에서나 학교에서 꾸중만 듣다가 지각을 했는데도 나무라지 않는 것만으로도 감동했나 봅니다.

"선생님, 늘 그리운 추억과 보고픔을 주셔서 너무 고맙습니다. 소중한 시간들 평생 잊지 않을 거예요. 제 마음이 늘 한결같은 보고픔과 그리움으로 가득한 선생님! 많이 사랑하고 존경합니다."라는 메시지와 함께 학교로 떡 상자를 보내온 학생도 학창 시절에 체구가 작고 몸이 약해서 특별히 관심을 가졌던 학생입니다. 그 제자는 "선생님은 모든 학생을 차별하지 않고 누구에게나 따뜻하게 잘 대해 주셨어요. 그래서 기억에 오래 남아요."라고 말했습니다.

교사는 학교 출근 시각부터 퇴근 시각까지 늘 학생들에게 노출되어 있음을 볼 때 정말 부담스러운 직업입니다. 교사의 몸가짐 하나하나가 학생들에게 좋은 교육자료가 된다는 점에서 더더욱 그렇습니다. 일반 사람들이 하면 도덕적으로 지탄받지 않을 행동도 교사이기 때문에 작은 일탈에도 시비가 뒤따릅니다. 학생들 앞에서 보여 주는 교사의 삶 자체가 교육하는 것이라는 명제 앞에 두 어깨가 무겁습니다.

함께 그러나 다르게 살아가는 교육

산업화시대의 학교교육은 '같게 살기'에 초점을 맞췄습니다. 공장의 대량 생산방식처럼 교육도 높은 생산성에 관심을 두었습니다. 그래서 학교도 공장처럼 경영하는 것이 바람직하다고 보았습니다. 학생은 인적자원으로, 교사는 현장감독으로, 학교는 공장으로 생각했습니다. 인적자원인 학생은 개별성을 가진 개인이 아니었습니다. 인적자원인 학생을 대상으로 현장감독인 교사가 일방적인 주입식 교육을 해서 산업과 국가발전에 이바지하도록 만드는 것이 교육의 최종 목표였습니다. 짧은 기간에 최대의 성과를 내는 경제성이 우선이어서 인간다운 삶의 교육은 어려웠습니다. 학교교육목표가 대량화, 획일화되었기에 학생들의 서열이 존재하고 경쟁 또한 불가피했습니다.

그러나 현대사회에서 교육은 '같게 살기'보다는 '다르게 살기'를 지향합니다. 평균 자녀의 수가 가정당 1명 이하여서 학생들은 각자 자기 빛깔의 꽃을 피워 갈 수 있어야 합니다. 학생의 개별성을 존중하며 개성을 키워 나가는 교육입니다. 장미꽃이 화려하고 아름답다고 해서 모든 꽃들에게 장미꽃이 되라고 교육해서는 안 됩니다. 개나리꽃, 진달래꽃, 벚꽃, 채송화꽃, 봉숭아꽃, 아카시아꽃, 코스모스꽃, 국화꽃 등 각각의 꽃들은 나름대로 존재의 이유가 있습니다. 이러한 꽃들이 장미꽃이 될 수도 없고 장미꽃이 되어서도 안 됩니다. 각기 다른 이름으로 살아가는 꽃들이 제철에 맞춰 꽃을 피우기에 이 세상은 아름다운 것입니다. 다르게 사는 것이 멋있게 사는 것입니다.

현대사회는 교과 공부만 잘해서 성공하는 시대가 아닙니다. 교과공부라는 한 줄로만 서기가 의미가 없는 사회가 되었습니다. 지금의 학생들이 어른이 되었을 때 현존하는 직업의 70% 이상이 사라지고 새로운 직업이 출현하는 시대에 다양한 분야에서 여러 줄을 서는 것이 훨씬 유리합니다. 산업화를 거쳐 정보화 시대, 4차 산업 시대가 도래하면서 학교 공부로 한 줄을 서는 성공 신화는 무너지고 있습니다. 다양한 분야에서 자신의 개성을 제대로 발현하는 사람이 성공하게 된 것입니다. '다르게 살기'는 다양화된 현대사회에서 우리 사회가 추구해야 할 교육의 방향입니다. 이런 관점에서 학교교육을 실천해 나갈 때 학생들은 정치, 경제, 사회, 문화, 예술 등 다양한 영역에서의 많은 성취를 이루어 낼 수 있을 것입니다.

이제 교과 교육을 기본으로 하는 한 줄로 서는 교육의 의미가 조금씩 희미해져 갑니다. 최근 학부모들을 대상으로 한 설문에서도 자녀가 명문대학에 들어가는 것을 성공으로 여기기보다는 자녀가 하고 싶어 하는 일, 좋아하는 일을 하게 된 것에 의미를 부여합니다. 자녀가 인격을 갖춘 사람으로 바르게 성장하는 것에 가치를 두며, 직업의 귀

천을 떠나 무슨 일을 하든지 경제적으로 여유로우면 만족합니다. 덴마크를 비롯한 서양교육이 그런 것처럼 우리나라 학부모들도 자녀들이 좋아하는 일을 하면서 성장해 가는 것에 가치를 두고 있습니다.

행복을 추구하는 삶이 인생을 풍성하게 만듭니다. 학교에서부터 행복을 경험할 수 있어야만 인생 전체가 행복해질 수 있습니다. 경쟁의 그늘에서 학생들은 이기적인 강자의 논리를 배울 뿐입니다. 다른 사람들에 대한 이해와 배려, 협력과 공존 등의 가치를 얻을 수 없습니다. 아무리 훌륭한 의미를 지닌 학습 활동을 한다고 해도 함께 살아가는 법을 배우지 않으면 좋은 교육이 아닙니다. 학교에서 배려와 존중을 경험해 본 학생들이 다른 학생들을 배려하고 존중하며, 사회에서도 이것을 실천하면서 더 행복할 수 있기 때문입니다.

아브라함 링컨 대통령은 "사람은 40세가 되면 자기 얼굴에 책임을 져야한다."라고 했습니다. 얼굴에는 그 사람의 영혼이 반영되어 있기 때문일 것입니다. 40살이 되기 전에 사람을 평가해서는 안 되고, 다양한 삶의 역경을 이겨 내면서 인생을 지혜롭게 헤쳐 나간 과정들이 사람들의 얼굴에 스며들어 있다는 얘기일 것입니다. 20대, 30대 초반에 성공했던 사람이 40세 이후에도 그 성공을 유지하기가 쉽지 않습니다. 그러나 그 시기에 온갖 시련을 겪으며 열심히 노력하여 밑바닥을 튼튼하게 다진 사람은 40세 이후에는 더 이상 흔들리지 않습니다. 그 과정이 얼굴에 고스란히 새겨지기 때문에 40세 이후가 되면 얼굴에는 자신감으로 충만해질 것입니다.

지금의 학생들은 100세 시대를 살아가야 할 인생입니다. 10대 전후의 청소년들의 나이를 24시간 하루를 기준으로 계산하면 새벽 3~4시에 불과합니다. 아직도 잠을 자고 있을 시간입니다. 충분히 잠에 취해 있어야 할 시간입니다. 미래에 대한 벅찬 희망을 가지고 한참 꿈을 꾸며 잠을 자고 있을 시간인 것입니다. 이렇게 잠을 자고 있어야 할 학생들에게 학교에서 교과 공부를 잘하고, 못하는 것이 인생의 성공과 크게 관련이 없습니다. 인생에서 성공한 사람들은 오히려 학교에서 협력과 공존의 가치를 깨닫고 함께 어울려 살아가는 연습을 충분히 한 사람들이기 때문입니다. 함께 사는 교육을 위해서 교사는 학생들과 같은 방향을 보고 동행해야 합니다. 교사가 학생들에게 교육의 비전을 제시해 주고 그 방향으로 함께 걸어가야 합니다. 지식 교육도 중요하지만 더 행복하기 위한 삶의 교육에 집중해야 합니다. 널리 인간을 이롭게 한다는 홍익인간의 이념을 실천하며 함께 살아가는 것이 얼마나 소중한 가치인지를 배우게 해야 합니다. 미래학자들이 말하듯 앞으로의 교사는 지식전달자로서의 교사가 아니라 학생들의 코치와 멘토 역할을 해야 하기 때문에 더욱 그러합니다.

들판에서

키 작은 나무는
큰 나무를 부러워하지 않는다
작으면 작은 만큼
속을 꽉꽉 채운다

꽃이 없는 풀들은
향기 있는 꽃들에게 기죽지 않는다
없으면 없는 만큼
뿌리 더 단단히 내린다

잘나지 못해도
특별하지 못해도
한가한 삶 즐긴다
넉넉한 자유 얻는다

제2장

———

삶으로
실천하는 교육

———

사춘기 아이들, 왜 이래?

사춘기 아이들은 어린이도 아니고 어른도 아닙니다. 그래서 사춘기는 자아정체성을 찾는 혼란기라고 볼 수 있습니다. 아이들은 '나는 누구인가, 무엇을 위해 살아야 하는가, 장래 생계를 위해 어떤 직업을 가져야 하는가?'에 대해 수많은 고민을 합니다. 자신의 장래를 위해 끊임없이 생각하면서 자아정체성을 찾아가는 노력들이 어른들에 대한 반항으로 나타납니다. 어른들은 자신의 삶을 반추하면서 아이들이 시행착오를 겪지 않고, 조금이라도 편하게 장래를 준비할 수 있도록 조언을 하지만, 청소년들의 입장에서는 이것이 자아정체성을 찾아가는 자신의 삶을 간섭하는 잔소리에 불과하다는 것으로 느끼기 때문입니다.

최성애·조벽 교수의 《청소년 감정코칭》에서는 이 시기 청소년의 뇌는 리모델링 중이라고 하면서 다음과 같이 설명합니다.

> "전두엽은 초등학교 4~5학년 때쯤 가완성이 되어 책을 읽고, 숙제를 하고, 거짓말을 하면 안 된다는 것을 알고, 부모의 말을 듣는 등의 일이 가능해집니다. 그러다가 빠르면

5~6학년, 늦어도 중학교 1~2학년 때 사춘기에 접어들면서 전두엽이 대대적인 리모델링에 들어갑니다. 그래서 이성적으로 행동하거나 논리적으로 사고하기가 힘들어집니다. 그러나 어른들은 아이들이 어른을 골탕 먹이려 한다고 생각하거나, 고집을 피우거나 성질이 나쁜 것으로 오해하기도 합니다. 설명을 해 줘도 못 알아듣는 것 같을 때는 아이가 연기를 한다고 오해하는 경우도 있습니다. 뇌의 1층에 머물러 있는 청소년들은 이성적이고 논리적으로 얘기하는 어른들과는 말이 안 통한다는 생각이 들고, 2층에 어른들은 '도대체 이 아이는 왜 이럴까?' 하는 생각이 드는 것이죠. 그래서 소통이 단절되고 관계가 끊기는 것입니다."

청소년의 두뇌 구조에서 기획, 판단, 결과예측, 감정조절을 담당하는 영장류 전두엽의 뇌가 사춘기에 이르러 대대적인 리모델링 공사를 하기 때문에 머릿속이 어지럽혀져 있다는 것입니다. 집에 비유하자면 지금까지는 20평의 집에서 아이들이 별 탈 없이 살아왔지만 앞으로는 처자식과 함께 살아야 할 50평, 60평의 집이 필요하기 때문에 리모델링이나 재건축이 필요하다는 것입니다. 이렇게 사춘기에는 머릿속이 공사 중이어서 밖으로 드러나는 언행도 어수선하고 혼란스러운 상태가 되는 것입니다.

또한, 청소년기에는 뇌의 확장공사를 하면서 뇌세포의 연결망이 과잉생산되고 뉴런과 시냅스의 연결이 아주 많이 그리고 빠른 속도로 일어나기 때문에 다면적인 사고도 잘하지 못한다는 것입니다. 마치 전선이 제대로 연결되지 않고 어질러져 있는 상태와도 같습니다. 그래서 이 시기에 청소년들은 생각을 행동으로 옮기거나 올바른 판단을 내리기가 어려워집니다. 이렇게 청소년기 내내 전두엽의 확장공사가 이루어져서 여자는 스물네 살쯤, 남자는 서른 살쯤 돼서야 완성된다고 합니다. 그러니 청소년기 학생들에게 사람답게 생각하고 바르게 행동하라고 요구하거나 기대하는 것은 무리입니다.

학부모 교육을 할 때 "아이들이 청소년기에 전두엽 확장공사가 일어나지 않다가 결혼하고 어른이 된 뒤에서야 그 공사를 시작한다면 가정이 어떻게 되겠습니까? 그래도 부모의 보호를 받는 시기에 청소년들이 실패와 실수를 거듭하며 여러 가지 문제를 일으키며 성장하는 것이 훗날 결혼하고 어른이 된 후에 일으키는 문제보다는 훨씬 낫겠지요." 라고 말하면 모두가 고개를 끄덕이며 동의합니다. 아울러 청소년들의 작은 일탈들을 긍정적으로 받아들일 수 있는 여유가 생깁니다.

그러니 청소년의 이러한 일탈 행동들은 부모나 어른들의 독재로부터 벗어나기 위한 몸부림, 곧 독립운동이라고 이해하면 좋겠습니다. 부모나 어른들로부터 독립하고자 하는 청소년들의 이러한 행위를 비난하기보다는 오히려 격려해 주어야 하지 않을까요? 수십 억 년 전에 알타미라 동굴 벽화 옆에도 낙서가 새겨져 있는데 거기에 적힌 글귀는 "요즘 아이들은 참 버릇이 없다."라는 것입니다. 기원 전 시대에 살았던 아리스토텔레스도 똑같은 말을 했습니다. 이렇게 보면 시대를 불문하고 청소년들의 언행은 어른들이 보기에 버릇없는 것처럼 보일 지라도 청소년의 관점에서 살펴보면 기존의 불합리한 질서에 항거하며 새로운 세계를 만들어 가려는 본능의 발현으로 이해할 수 있을 것입니다. 3.1 운동, 광주학생운동, 4.19 운동의 시발점도 중·고등학생이라고 하니 우리는 사춘기 아이들의 반항적인 행동을 긍정적으로 받아들여야 하겠습니다. 이렇게 이해한다면 사춘기 청소년들이 이해할 수 없는 여러 문제들을 일으키는 것은 지극히 정상적인 성장과정입니다. 어른들이 박수를 치면서 환영해야 할 일입니다. 오히려 사춘기임에도 불구하고 부모나 어른에게 무조건 순응하면서 자신의 의견을 전혀 피력하지 않는 청소년이 더 큰 문제입니다. 스스로 독립하기보다는 어른들로부터 보호받으며 그 안에 머무르고 싶어 하는 욕망을 실현하고 있기 때문입니다.

이렇게 되면 대학을 졸업하고 20대, 30대 청년들이 되었음에도 부모와 독립하지 않고 방 안에만 머무르는 은둔형 외톨이가 될 수도 있습니다. 신문, 방송 등 보도에 의하면 학업을 다 마치고도 일자리를 구하지 못한 이른바 청년 백수가 126만 명에 달한다고 합니다. 특히 학사 이상 학력 소지자가 미취업 졸업자의 절반 이상인 68만 명을 차지합니다. 쉬고 있는 청년 중 상당수는 사실상 외부와의 접촉을 끊은 채 이른바 은둔형 외톨이입니다. 은둔형 외톨이는 집 안에만 틀어박혀 가족 이외의 사람들과는 인간관계를 맺지 않고 사회적 접촉도 하지 않는 사람입니다. 정부의 청년 삶 실태조사는 은둔형 청년이 무려 24만 명에 달한다고 추산합니다. 이러한 은둔형 외톨이는 어린 시절에 주변 사람들과 잘 어울리기보다는 상대보다 더 우월하고 싶다는 경쟁심이 나타나면서 결국은 주변 사람들과 더 멀어지고 사회성까지 잃게 되면서 혼자가 된다고 합니다. 그래서 등교를 거부하거나 직장을 그만두고 방에서만 생활하면서 가족과도 대화를 거부하고 시간적 개념 없이 무의미한 삶을 살게 됩니다. 따라서 청소년기에 나타나는 아이들의 문제행동들을 긍정의 시선으로 바라보며 응원을 해 주는 어른들의 너그러움이 필요합니다. 그래서 이러한 사춘기 청소년을 변호하는 마음을 담아 시로 표현해 보았습니다.

사춘기 변호

인생의 봄날 맞아
설계도면 그려서
내일을 스케치합니다

머릿속 리모델링이라
잠시 헝클어질 수도
지저분해질 수도 있어요

스님처럼 침묵할 수 있고

조폭처럼 난폭할 수도 있지만

절대로 중심 잃지 않을 거예요

앞날 알 수 없어 흔들리기에

가끔은 마음조차 변덕 부리니

반항적으로 보일 수 있어요

간섭하지 않고 기다려 준다면

밤새워 고민하고 준비하여서

둥지 벗어나 독립할 날 있을 거예요

　어른들은 자녀들이 집에 돌아오면 방에 틀어박혀서 나오지 않는다고 걱정합니다. 부모에게 함부로 대들고 큰소리친다고 걱정하는 학부모도 있습니다. 어른들은 이러한 행동을 과민하게 받아들일 필요가 없습니다. 청소년들이 장래에 대한 고민으로부터 일어나는 마음의 괴로움을 이렇게 표현하는 것이니까요. 고민 많은 청소년들에게 어른들이 직접적으로 지시하고 명령하면 얼마나 힘이 들겠습니까? 그렇지 않아도 장래에 대한 걱정으로 날마다 마음이 불편해 괴로운 아이들의 마음에 불을 지르는 결과를 초래할 수밖에 없습니다. 청소년들에게 어른들은 자신의 성장을 방해하는 존재라고 생각하기 때문에 그들의 조언을 순수히 받아들이기보다는 오히려 극복해야 할 대상으로 여깁니다.

그래서 청소년들은 어른보다는 친구들의 영향을 훨씬 많이 받습니다. 친구들과 서로 영향을 주고받으며 스스로 커 나갑니다. 그래서 어른들은 청소년의 가능성을 믿어 주기만 하면 됩니다. 그들의 자율성을 존중해 주면 스스로 자라납니다. 자신이 한 일에 대해 책임을 지는 능력도 길러집니다.

믿어 주는 만큼 자라는 아이들

비단잉어 코이에 대한 이야기를 하고 넘어가겠습니다. 비단잉어 코이는 인간이 만들어 준 환경에 맞게, 믿어 주는 만큼 자랍니다. 작은 어항에서는 5~8센티미터의 크기로 자라고, 큰 수족관이나 연못에 놓아주면 15~20센티미터의 크기로 자란다고 합니다. 그런데 코이는 강물에 방류하면 1미터 50센티미터까지 자랄 수 있답니다. 이렇게 생존 환경에 따라 그 크기가 각각 다른 비단잉어 코이를 가리켜 코이의 법칙이란 말도 생겼습니다. 비단잉어 코이가 클 수 있는 환경에 따라 성장하는 크기가 달라지듯이 사람도 그 환경에 비례해서 능력이 달라진다는 법칙입니다.

그래서 어른들은 청소년들에 대한 보호 영역을 너무 좁혀서는 안 됩니다. 청소년들을 크게 성장할 수 있도록 도와주기 위해서는 가급적이면 보호 범위를 넓혀 주어야 합니다. 청소년들을 사사건건 간섭을 하면 갈등을 유발하고 갈등이 잦아지면 폭력이 일어납니다. 잦은 지적질은 오히려 청소년 비행의 명분이 되기도 합니다. 어른들이 다른 사람을 편애하고 나만 미워한다고 생각하면 청소년들은 극렬하게 저항할 수밖에 없습니다.

그래서 교사 연수 시간에 선생님들께 이렇게 강조했습니다.

"학생들을 크게 키우기 위해서는 다음 두 가지를 꼭 실천합시다. 그리고 이 두 가지 이외의 일에 대해서는 어떠한 잘못도 따뜻한 가슴으로 품어줍시다.

첫째, 학생들이 자기 자신을 사랑하고 귀하게 여기도록 교육합시다. 자신을 사랑해야 남도 사랑할 수 있습니다. 자신을 귀하게 여겨야 남도 귀하게 여길 수 있습니다. 자신을 사랑하고 귀하게 여겨야 스스로 자존감이 높아지고 그에 걸맞은 행동도 하게 됩니다. 마음이 사랑으로 충만하면 그 사랑이 다른 사람에게도 자연스럽게 흘러가게 됩니다.

둘째, 어떠한 일이 있어도 남에게 해를 끼치지 않도록 교육합시다. 더불어 살아가는 민주사회에서는 남에게 피해를 주는 언행은 공동체의 삶을 파괴합니다. 그런 사람과는 함께 살아가기가 어렵습니다. 따라서 남에게 피해 주는 언행에 대해서는 선생님들께서 분명하게 알려주고 엄격하게 지도할 필요가 있습니다."

교사는 학생들이 자신을 사랑하고 남에게 피해를 주지 않는다는 원칙만 잘 순수한나면 학생 보호의 울타리는 가급적 크게 쳐놓는 게 좋습니다. 학생들은 실수하면서 배우고, 실패하면서 깨우치기 때문입니다. 실수하지 않고 성공만 한 사람은 새로운 일에 도전하는 일을 꺼립니다. 도전하기를 꺼리기 때문에 크게 성공할 일도 없습니다. 도전 없는 성공은 있을 수 없으니까요. 그런 의미에서 교사들은 학생들이 자주 실수할 수 있도록, 그래서 그것을 통해 배움을 스스로 얻어낼 수 있도록 하는 교육에 관심을 가질 필요가 있습니다.

성공의 경험만을 가진 사람은 착한 아이 콤플렉스에 빠질 위험성이 있습니다. 산업화시대에는 공부만 잘하면 모범생으로 평가되는 시대였습니다. 선생님들은 공부를 잘하는 학생들에게 자신의 일을 대신 시켰고, 그 모범생들은 책임 있게 일을 잘 도와주었습니다. 그래서 그 대가로 그들의 모든 잘못도 다 용서되었습니다. 오직 공부를 잘한다는 이유로 학급 반장도, 부반장도 할 수 있었고, 종종 선행상도 받을 수 있었습니다.

그러나 이러한 아이들은 착한 아이 콤플렉스를 겪습니다. 그들은 교사를 비롯한 어른들의 말을 무조건 잘 듣습니다. 칭찬과 인정을 받고 싶은 욕구 때문입니다. 그러나 그러한 욕구에 매몰되면 다른 사람이 나를 어떻게 평가할까에 집중하며 다른 사람들의 눈치를 보게 됩니다. 삶의 기준이 내가 아니라 다른 사람의 평가이다 보니 진정으로 자신이 좋아하는 일이 무엇인지조차 알지 못하는 수동적인 사람이 되고 맙니다. 상급학교를 지원할 때도, 직업을 선택할 때도 자신의 의지는 중요하지 않습니다. 남의 눈에 어떻게 비칠까를 먼저 고민합니다.

그래서 착한 사람의 삶에는 여유가 없습니다. 여유가 없으니 인생이 재미가 없습니다. 세상의 재미있는 일들은 대부분 일탈에서 비롯되는데, 그 길에서 벗어나는 것을 두려워하니 인생이 단조롭습니다. 한눈팔지 않고 앞만 보고 걸어가기 때문에 옆을 살펴보고, 뒤도 돌아보는 여유를 즐기는 삶을 살지 못하는 것입니다.

학교에서 착한 아이는 담임교사가 삶이 기준이 됩니다. 그래서 교사로부터 인정받아 편애를 받게 되면 더 큰 문제가 발생합니다. 오은영 박사는 동아일보 신문 칼럼에서 교사 편애의 문제점을 지적합니다. 교사의 편애는 그 학생에 대해 또래들이 시기와 질투를 하기 때문에 또래와의 관계에서 문제가 생긴다는 것입니다. 또한, 교사가 해야 할 일을 학생이 대신하는 것은 교사의 부탁을 거절하지 못함으로써 스트레스가 쌓이게 된다고 합니다. 친구들이 교사의 흉을 볼 때 여기에 합류하면 친구들 입장에서는 가증스러운 배신자로 낙인찍히게 되고, 합류하지 않으면 외톨이가 될 가능성이 높다고도 합니다. 이처럼 교육에서 편애는 학생의 성장을 멈추게 하고, 종국에는 학생을 불행하게 만듭니다.

사춘기 청소년들은 어른들에게 기쁨을 주는 만큼 실망도 안기면서 자라는 것이 정상입니다. 어른들의 기대는 언제나 지나칠 정도로 부담스럽습니다. 하나를 이루면 둘을 요구하고, 둘을 해내면 셋, 넷을 요구합니다. 그리고 어른들의 생각은 아이들의 생각과는 조금씩 빗나가기 때문에 아이들은 좀 더 주체적인 존재로 성장하기 위해서 어른들과의 투쟁을 마다하지 않습니다.

그런데 이 투쟁 과정에서 어른들이 너무 강하여 복종하게 만들면 청소년들은 대체로 두 가지 반응을 합니다. 심하게 반발하여 어른들의 기대와 정반대의 행동을 하게 되거나 어른이 되어서도 상대의 말을 잘 듣는 착한 사람이 됩니다. 강하게 저항하는 청소년은 부모에게 욕설 등 거친 언어를 쓰게 되고 폭력을 행사하기도 합니다. 부모의 억압이 강해질수록 가출도 과감하게 감행합니다. 그와 반면에 착한 청소년은 자기 스스로를 잘 믿지 못하고 의심하면서 상대방에게 의존하며 살아가게 되는 것입니다. 이렇게 성장하게 되면 요즘 사회문제가 되고 있는 은둔형 인간이 될 가능성이 높아집니다.

그래서 사춘기 청소년들은 모름지기 비와 바람에 시달리고 서리도 맞으면서 야생화처럼 든든하게 살아가도록 어른들이 도와주어야 합니다.

야생화

찬바람에 흔들리면서
눈물 참아가며
대지에 단단한 뿌리 내리고
쉼표 없이 달려와
마침내
향기로 들판 채운 야생화야

이제 꽃을 피웠으니
먹구름 걷힐 것이다
흥겹게 춤 출 수 있으니
빗방울도 멈출 것이다
만일 다시 태어날 수 있거든
온실의 장미꽃으로 피어나라

학생들의 감정을 읽어 주는 교사

우리 학교는 관내 전보 내신을 희망하는 교사가 한 분도 없습니다. 부임해 오시더라도 1년 만에 전보 내신을 원하던 학교였습니다. 그래서 시 교육지원청은 '2년 미만의 근무자는 가급적 발령하지 않는다.'는 규정까지 신설했습니다. 남학생으로만 구성된 단성학교로서 수업을 제대로 할 수 없을 정도로 교사들을 힘들게 하는 학교였습니다.

그래서 학교장으로 부임한 이후 평화로운 학교를 만들기 위해 선생님들께 간절히 부탁드렸습니다. '학생들의 말을 중간에 끊지 말고 끝까지 들어줍시다. 학생의 감정을 존중해 주며 교사부터 그 본보기가 됩시다. 아무리 화가 나도 학생들보다 목소리 크기를 작게 합시다.'를 주문하고 이를 선생님들과 함께 꾸준히 실천했습니다.

학생들의 긍정적인 행동 변화가 있기까지는 채 2년이 걸리지 않았습니다.

"아이들이 이렇게 달라질 줄 몰랐어요. 마치 다른 학교에 와 있는 기분이 들어요." 1년 6개월 만에 복직하신 선생님의 말씀입니다.

"처음에는 학생들의 눈에 살기가 돌았어요. 가까이 접근하면 한 대

얼어맞을 것 같아서 조심조심하며 생활했어요. 그러나 지금은 아이들이 먼저 다가와 인사도 합니다. 아이들과 다정하게 이야기를 하면 기분도 좋아져요. 학생들이 너무 착해진 것 같아요." 코로나19로 인해 2년 6개월 동안 학교를 도와주신 봉사자님이 학교를 떠나시면서 하신 말씀입니다.

"이전에는 급식실의 수저나 젓가락이 수시로 휘어졌어요. 선생님들이 급식지도를 해도 질서를 지키지 않고 큰 소리로 떠들어서 급식실이 언제나 너무 어수선했어요. 그런데 지금 아이들은 너무 질서를 잘 지켜요." 영양사님을 비롯한 급식실 직원분들의 말씀입니다.

"이 학교에 발령받았다고 위로 전화를 많이 받았습니다. 학생들이 아주 거칠고 험악하다고 소문이 나서 교사들이 3월 초부터 학생들에게 강하게 대해야 한다고 했어요. 학생들에게 욕을 하더라도 심하게 해야 먹히니 이참에 거친 욕도 좀 배워 가야 한다고 말씀들을 하셨어요." 올해 발령받아 오신 음악선생님의 말씀입니다.

"교장선생님께서 학생들의 말을 끝까지 들어주고, 학생보다 목소리 크기를 작게 하면 학생들이 좋아질 거라는 말씀에 저는 솔직히 반신반의했습니다. 그런데 2년 가까이 그렇게 실천하다보니 학생들이 정말로 좋아지네요. 요즘 선생님들의 학교만족도가 엄청 올라갔어요." 연구평가부장님의 말씀입니다.

이러한 학교 변화는 학교폭력 관련 통계로도 나타납니다. 2022학년도에 학교폭력 사건이 24건 발생하여 자체해결 6건, 시 교육청 심의요청 건이 18건이었습니다. 2023학년도에는 11건이 발생하여 자체해결 9건, 시 교육청 심의요청이 2건으로 줄었습니다. 전년도에 비해 50% 이상 급감한 것입니다. 물론 그 이전 학년도에는 학교폭력이 이보다 훨씬 더 심해서 소년원에 간 학생도 있다고 들었습니다.

이전에 근무했던 읍 단위 단성 남학교도 비슷한 상황이었습니다. 부임 인사차 시 교육지원청을 방문했더니 담당 장학사님이 "그 학교는 학교폭력이 시내에서 가장 많이 일어나고, 교육청 민원의 70% 정도도 그 학교에서 발생합니다."라고 말씀하시면서 많은 걱정을 해 주셨습니다. 실제로도 부임하자마자 여러 가지 문제가 발생하기는 했습니다만 교사들이 학생들의 말을 끝까지 들어주어 주며 감정을 존중해 주고, 학생들보다 목소리 크기를 작게 했더니 평화로운 학교로 변모해 갔습니다.

이처럼 학생들이 자신의 감정과 생각을 충분히 이야기할 수 있는 분위기를 조성하고, 교사가 학생들과 눈을 맞추며 적극적으로 호응하면서 이야기를 끝까지 들어주기만 해도 학생들은 달라집니다. 학생들의 감정은 구름 같아서 수시로 변합니다. 그러나 그 감정이 자연스럽게 흘러갈 수 있도록 교사들이 기다려주면 어느 순간 사라집니다. 교사는 학생들의 구름 같은 감정을 소나기처럼 갑자기 쏟아지게 할 수도 있고, 가을하늘처럼 맑고, 푸르게 변화시킬 수 있는 마법을 가지고 있습니다.

감정은 일시적인 것입니다. 그래서 어떤 감정도 옳다고 인정해 주는 것이 필요합니다. 나쁜 감정을 행동으로 표현하는 것은 잘못된 것이지만, 누구나 나쁜 감정 자체는 가질 수 있는 것입니다. 나쁜 감정이 일어나는 것은 잘못이 아닙니다. 인간이면 누구나 그런 감정이 생깁니다. 그러한 감정을 누군가가 인정해 주면 나쁜 마음이 서서히 풀리기 시작합니다. 이렇게 감정이 충분히 사그라지기를 기다렸다가 학생과 얘기를 나누고 좋은 방법을 찾아가는 것이 좋습니다.

학생의 입장에서 받아들이면서 "응, 그래서 그랬구나, 그래서 아주 힘들었겠구나, 너무너무 속상했겠네."와 같은 말로 공감하면서 고개를 끄덕여 주면 됩니다. 그렇게 이야기가 오가면 학생들은 오랜 시간 동안 하고 싶었던 말들을 다 쏟아낼 수 있습니다. 말하는 과정에서 스트레스가 풀려 기분도 좋아집니다. 문제의 구체적인 해결 방법은 찾지 못할지라도 속 시원하게 말한 것만 해도 부정적인 감정을 사라지게 합니다.

학생들도 교사나 부모와의 갈등 또는 친구들과의 다툼으로 인해 화가 극도로 치솟아 올랐을 때 그 감정을 객관적으로 바라보며 다스리도록 하는 교육이 필요합니다. 청소년기에는 화가 나는 상황에서 그 정도를 스스로 조절하지 못하고 지나칠 정도로 표출하는 성격 장애인 분노조절장애로 인해 엄청난 피해를 초래할 수도 있기 때문입니다.

심리학자들은 분노조절장애를 치료하기 위해서 그 감정을 기록하는 습관을 갖는 것이 좋다고 합니다. 감정을 기록하는 과정에서 서서히 자신의 감정을 객관적으로 바라보며 인정할 수 있기 때문입니다.

감정을 글로 써 보면서 자신과의 대화를 할 때 의식이 무의식을 지배하는 시간을 가질 수 있기 때문입니다.

특히, 화가 나서 씩씩거리고 있는 학생에게 잘잘못을 따지기보다는 자신의 마음을 정리하여 기록할 수 있도록 하면 큰 효과를 볼 수 있습니다. 분노로 가득 찬 학생을 조용한 곳에 불러 먼저 따뜻한 차 한 잔이나 먹을 것을 줍니다. 달콤한 사탕도 감정을 누그러뜨리는 데 효과적입니다. 차분하게 감정을 가라앉히면 교사는 다음과 같은 질문으로 학생이 자신의 마음을 정리할 수 있도록 돕습니다. 학생이 충분히 생각하며 대답할 수 있도록 천천히 진행해야 합니다.

"현재 기분은 어떤가, 지금 어떤 생각이 드는가, 지금 어떤 감정이 생기는가, 그리고 그 감정이 생긴 이유는 무엇인가, 만약에 복수하고 싶다면 어떻게 하고 싶은가, 네가 복수를 행동으로 옮겼을 때 어떤 결과가 발생할까, 복수한 결과로 네가 얻는 건 무엇인가, 복수한 결과 네가 잃는 건 무엇인가, 그렇다면 너 자신을 위해 어떻게 행동하는 것이 좋은가, 네가 상대에게 바라는 것은 무엇인가, 이번 일과 관련하여 네가 꼭 하고 싶은 말은 무엇인가?"

그런데 남학생들은 이러한 질문에 차분하게 대답하지 못합니다. 그럴 때는 글로 써 보라고 해도 좋습니다. 대개 한 줄 정도밖에 기록하지 못하는 경우가 많습니다. 이럴 때는 교사가 자연스럽게 대화하듯이 묻고 답하면서 공감해 주면 됩니다. 교사는 학생의 행동을 고치기 어렵습니다. 행동 교정보다는 이런 물음과 응답을 통해 그 학생의 생각과 감정을 이해한다는 마음으로 임해야 합니다.

학생이 교사와의 대화를 통해 자신이 가치 있는 사람이라는 것을 느끼도록 하는 것이 중요합니다. 사람은 누군가에게 자신의 감정을 인정을 받으면 존재 가치를 느끼며 자존감이 높아집니다. 이렇게 감정을 인정하는 대화를 시작하면 문제해결도 그만큼 쉬워집니다. 교사가 학생을 온전히 이해하려는 마음으로 다가서기 때문에 서로 간의 공감대가 형성됩니다.

학교폭력법 이해하기

학교폭력예방 및 대책에 관한 법률 제2조에는 학교폭력이란 학교 내외에서 학생을 대상으로 발생한 상해, 폭행, 감금, 협박, 약취·유인, 명예훼손, 모욕, 공갈, 강요·강제적 심부름 및 성폭력, 따돌림, 사이버 따돌림, 정보통신망을 이용한 음란·폭력 정보 등에 의하여 신체·정신 또는 재산상의 피해를 수반하는 행위라고 규정되어 있습니다.

학교 내·외에서 학생을 대상으로 일어나는 모든 폭력 행위가 학교폭력으로 규정되다 보니 교사들의 할 일이 너무 많아졌습니다. 학교폭력이 한번 발생하면 관련 서류만 해도 너무 많습니다. 과정과 절차를 지키지 않으면 그 결과가 무효로 처리되기 때문에 조금의 실수도 허용되지 않습니다. 담당 교사는 학교폭력 업무 처리에 전적으로 매달려야 합니다. 학교폭력 관련자 조사를 비롯한 업무 추진 과정에서 작은 실수 하나라도 발견되면 변호사를 대동한 학부모에 의해 고발당할 가능성도 아주 높습니다. 그래서 2024학년도부터는 학교폭력 사건 조사를 전직 경찰관이 담당한다고 합니다만, 조사 결과에 대해 학부모와 학교폭력 관련자들이 선뜻 수긍할지는 의문입니다.

학교폭력의 범위가 너무 넓다 보니 사소한 학생 간의 갈등이나 다툼도 학교폭력으로 신고되곤 합니다. '아이들은 싸우면서 커 간다.'라는 말처럼 인간관계에서 다툼은 있을 수밖에 없습니다. 가정에서 형제간, 남매간, 자매간에도 싸우는 일이 빈번한데 학교에서 학생들 간의 작은 다툼들이 발생하지 않는 것이 오히려 이상할 것입니다. 그런 다툼들을 교사가 중재하면 학생들 상호 간에 서로를 이해하고 친구나 선후배 간에 더 가까워질 수 있는 계기를 만들 수 있습니다. 이것이 교육의 아름다운 장면입니다.

초등학교에서는 아이들 간에 사소한 다툼이 빈번하게 일어나는데 이때 교사가 서로 조정하고 화해하는 과정을 거치게 하면 어린이들은 교육적으로 한결 성숙해집니다. 그런데 이러한 교사의 교육적 해결과정을 어린이들은 부모에게 자신이 유리한 방향으로만 기억하여 말합니다. 그러면 학부모들은 교사가 자신의 자식만 일방적으로 미워한다고 생각합니다. 그래서 교사에게 그 내용을 물어보거나, 가정에서 자녀에게 친구와의 갈등 해결법을 가르치기보다는 다짜고짜 학교폭력으로 신고부터 합니다. 동시에 교사에게는 민원을 제기하여 괴롭히거나 국민신문고 등에 고발하여 고통을 받게 합니다.

담당 교사나 담임교사는 민원을 처리하는 과정에서 학생 수업이나 생활교육 등 정상적인 교육활동에 막대한 침해를 받게 됩니다. 나아가 학부모의 민원이 경찰이나 검찰 조사 결과 무혐의로 판명되더라도 민원 처리 과정에서 짧게는 몇 개월, 길게는 몇 년간을 시달리는 고통을 감수해야 합니다. 그래서 교사들도 웬만하면 학생들 간의 갈등을 조정하기 위해 노력하기보다는 정해진 학교폭력처리절차의 매뉴얼에 따라 업무로 처리할 수밖에 없습니다. 이렇게 학교에서 교육이 사라지고 업무만 늘어가고 있습니다.

대개 민원으로 고발당하는 교사들은 교육에 열정적인 분들이 많습니다. 동료 교사들은 교육에 헌신하는 분들이 이렇게 피해를 당하는 걸 보고 무기력에 빠집니다. 그래서 학교 현장에서는 "최선을 다해서 아무것도 하지 말자, 하마터면 열심히 일할 뻔했네." 등의 우스갯소리가 나오기도 합니다. 물론 유머로 그런 이야기를 하지만 교사들은 지금도 초심을 잃지 않고 학생들을 한결같은 사랑으로 잘 보살피고 있습니다.

최근, 법원에서는 '학생들이 학교생활을 하는 과정에서 발생한 모든 갈등이나 분쟁을 학교폭력으로 보는 것은 바람직하지 않다.'라고 판시하였습니다. 그럼에도 불구하고 일부 학부모들은 여전히 학생들 간에 티격태격하는 수준까지도 학교폭력으로 신고하고, 교사의 책임을 묻는 경우가 많습니다. 교육부는 '교권이 제대로 확립되지 않은 상황에서 학생 인권이 지나치게 강조된 것 등이 복합적으로 적용해 학교폭력이 늘었다.'라고 진단했지만 그 판단에는 동의하기 어렵습니다. 인권의 바탕은 존중입니다. 따라서 모든 사람을 존중하는 사회에서는 당연히 폭력도 줄어들기 때문입니다. 인권은 사람이라면 누구나 가져야 하는 소중한 가치여서 학생이라고 인권에 배제되는 것은 바람직하지 못합니다.

　인권은 내가 소중한 만큼 다른 사람들도 소중하고 귀하게 여기는 마음에서 비롯됩니다. 한 가정에서 아이들이 5명 이상 출생했던 베이비붐 시대의 학생들도 학부모의 입장에서는 매우 귀한 자식들이었습니다. 그런데 지금은 출생률 0.7명 시대의 학생들입니다. 너무너무 귀하고 사랑스러운 아이들입니다. 그러기에 교사는 학생들을 함부로 대하지 않습니다. 학생들의 인권을 매우 존중합니다. 학생들 간에도 서로의 인권을 존중할 수 있도록 교육합니다. 인권이 존중되어야 학교폭력이 사라지고 학교가 평화롭습니다. 우리에게는 그 누구도 다른 사람을 함부로 대할 권리가 없습니다.

　학생 인권이 소중한 만큼 교사 인권, 곧 교권도 소중합니다. 미래 세대의 주인공을 길러내는 소명을 실천하는 교사들이 힘을 잃으면 우리의 미래도 어두울 수밖에 없기 때문입니다. 학생 인권과 교사 인권 모두 소중한 가치들입니다. 교권과 학생 인권이 따로 있는 것이 아니라 학교 구성원 모두가 소중한 사람으로서 존중받아야 하는 것이 인권입니다. 따라서 제대로 된 인권교육은 이렇게 개개인들을 귀하게 여기고 다른 사람에게 피해를 주는 일이 없도록 하는 것입니다

　학교폭력은 교권이 제대로 확립되지 않은 상황에서 발생한 문제가 아니라 학부모의 지나친 개입으로 인한 요인이 한몫한다고 봅니다. 일부 학부모들의 지나친 개입만 없다면 학교폭력을 비롯한 학생 간에 일어나는 일들은 교사들이 교육적으로 잘 해결할 수 있습니다. 대한

민국 교사들은 그 정도의 능력을 갖추고 있습니다. 그런데 일부 학부모들이 학교와 교사를 신뢰하지 못하고 오로지 귀한 자식 한 사람만을 바라보기 때문에 사사건건 학교에 문제를 제기합니다. 그래서 교사들은 시간과 정성을 쏟아부으며 시간도 오래 걸리는 교육적 해결 방법을 찾기보다는 작은 민원의 소지라도 없애는 데 더 주력하고 있는 것이 아픈 현실입니다.

학교에 학교폭력법, 아동학대법이 들어오면서 이제, 학생들 간의 갈등도 법으로 해결해야만 하는 시대가 되었습니다. 교사들이 중간에 개입하여 교육적으로 해결하려고 노력하면 사소한 말 한마디나 처리 과정의 작은 실수로 인해 법으로 처벌받을 가능성이 그만큼 높아지기 때문입니다. 교사들도 살기 위해서 어쩔 수 없이 매뉴얼에 따라 법대로 처리해야 합니다.

이처럼 학교에서도 법이 우선하다 보니 더불어 살아가는 사회를 만들기 위한 교육의 기능은 점차 줄어들고 있습니다. 참으로 안타깝습니다. 학부모들이나 사회가 교사들을 믿지 않으면 학교폭력의 근절도 기대할 수 없습니다. 교사가 교사로서 힘을 잃으면 학교가 무너집니다. 좋은 교육도 기대할 수 없습니다. 교사가 교육전문가로서 인정받을 수 있는 사회 분위기가, 내 자식이 귀한 만큼 남의 자녀도 소중하다는 학부모의 인식이 학교폭력을 줄일 수 있는 최선의 방법입니다.

학교에서 학교폭력이 사라져야 합니다. 왜냐하면 학교폭력은 학생들이 성장기에 사람에 대한 신뢰를 잃어버리게 되기 때문입니다. 나아가 평생 동안 다른 사람과의 관계를 맺고 살아가야 하는 인생에 나쁜 영향을 미치기 때문입니다. 학교는 학생들이 교사들의 넉넉한 품 안에서 생활해야 합니다. 그래야 서로의 인권을 존중하며 사이좋게 지내면서 사회화됩니다. 교사의 인권이 존중되는 학교 현장을 그리며, 교사를 닮은 전라남도 여수 비렁길에서 우뚝 서 있는 금오도의 〈직포 해송〉 시를 음미하면서 우울한 마음을 달래 보겠습니다.

직포 해송

키 18미터
가슴둘레 220센티미터
600년 청년으로 살아온 너는

맑은 가난을 즐겼을 게다
무성한 솔잎 가졌다면
한겨울 매서운 바닷바람에
찢이지는 고통을 버텨내지 못했을 거야
훌훌 털어버리고
꼭 필요한 만큼만 가지는
무소유의 자유를 누렸을 거야

마르지 않는 사랑으로 살았을 게다

오붓하고 넉넉한 품 만들어

삶에 지친 나그네들 불러 모으고

구멍 난 마음조각 한 땀 한 땀 꿰맸을 거야

시린 가슴 달래 주며

마음 밭 함께 갈면서

가슴에는 희망을 품었을 거야

중학교 남학생들의 학교폭력 사례

중학교 남학생들 사이에서 실제로 일어나고 있는 학교폭력의 사례들을 살펴보겠습니다. 중학교 남학생들은 주로 언어폭력이 절반을 차지합니다. 거의 모든 폭력의 발단에는 언어폭력이 있습니다. 언어폭력이 심해지다 보면 신체폭력이 일어나기도 합니다. 집단 따돌림은 주로 사이버상의 괴롭힘으로 나타납니다. 그 양상은 점점 더 다양해지고, 가해 연령은 점점 낮아지고 있습니다. 최근에는 초등학교 고학년에서도 빈번하게 일어나고 있습니다.

SNS나 게임의 부계정을 만들어 피해자의 사진을 게시하고 태그 기능으로 피해자의 계정을 지목해 괴롭히기도 합니다. 피해자나 피해자의 가족을 모욕하는 내용의 글을 작성해 인터넷상에 퍼트리기도 하고, 사이버상에서 재산을 갈취하는 괴롭힘도 있습니다. 피해자의 카카오톡 계정과 전화번호 등 개인정보를 다른 사람에게 팔아 이득을 취하거나 무선 와이파이 연결을 강요해 인터넷 데이터를 빼앗는 행위도 발생합니다.

학교폭력이 초기에 어떻게 발생하는지를 중학교 1학년 사례를 통해 알아보겠습니다. 초등학교 때 다른 지역에서 거주하다가 초등학교를 졸업하고 이사를 해서 친구나 알고 있는 학생이 한 명도 없는 중학교에 진학했습니다. 이 학생은 내성적인 성격으로 같은 반 학생들과도 잘 어울리지 못하고, 낯선 환경에도 잘 적응하지 못했습니다. 그러던 중 우연히 자신보다 약한 학생을 만나고 나서 약 3개월 동안 지속적으로 괴롭힌 사건입니다.

1학년 1학기 말인 7월쯤 복도를 걷던 중 어깨를 치고 간 학생이 사과를 하지 않았습니다. 그래서 잡아놓고 팔을 몇 대 때렸습니다. 그래도 피해학생이 아무 소리 없이 받아들였습니다. 오히려 자신이 폭력을 당한 것이 당연하게 받아들이는 듯한 반응이었습니다. 그러자 가해학생의 괴롭힘의 강도가 조금씩 높아 갑니다. 가해학생은 피해학생에게 '학교에서 웃지 않기, 수업 시간에 잠자지 않기, 자신의 말에 말대꾸하지 않기, 수업 시간에 허리 펴기' 등 일방적인 규칙 만들어 그것을 지킬 수 있도록 강요했습니다. 그리고 그 규칙을 어길 때마다 화장실에 데리고 가서 뺨을 때리거나 가방을 쓰레기통에 버리기, 거친 욕설 등으로 협박했습니다. 그래도 별다른 대응 없이 받아들이자 이번에는 매점에서 햄버거, 빵, 과자, 아이스크림 등을 사 달라고 강요했습니다.

이 학생들의 담임교사는 평소에 학생들과 매우 가까이 지내고 상담도 꾸준히 하시는 분입니다. 담임교사가 학급을 허용적 분위기로 만들어 자유로운 의사소통이 가능한 학급이었기 때문에 학생들은 학교폭력 등 학교생활의 어려운 점을 언제든지 이야기할 수 있는 상황이었습니다. 그런데도 피해자는 가해자가 너무 무서워서 처음 피해를 당할 때부터 말할 용기를 갖지 못했다고 합니다. 이렇게 학교폭력은 초기 단계에서 피해자가 피해 사실을 적극적으로 알리기를 꺼려 하거나 주변의 목격자들이 신고를 하지 않아서 발생하는 경우가 많습니다. 그래서 교사들은 학교폭력 피해자나 그 상황을 목격한 학생들이 곧바로 담임교사나 학교폭력 담당 교사, 또는 부모나 어른들에게 신고할 수 있도록 교육해야 더 큰 피해를 예방할 수 있습니다.

다음은 중학교 남학생들 사이에 학교폭력 상황 중 아주 심각해진 사례들을 모았습니다.

사이버상에서 시비를 걸어 피해학생이 자신을 공격을 하게 만든 후 그것을 증거로 가해자 부모를 협박해서 합의금을 요구하기, 학교 매점에서 빵, 과자, 음료수를 사주게 요구하기, 자신의 생일날 일정 금액의 용돈 목표액을 제시하고 그걸 후배들에게 걷어서 상납하게 하기, 실제로는 있지도 않은 자신의 금목걸이를 피해학생이 잃어버렸다며 부모에게 전화해서 금목걸이값 받아내기, 피해학생이 자신의 여자친구를 모욕한 것을 무마하는 대가로 합의금을 요구하기, 피해학생과 같은 공간에 함께 있으면서 '빌린 돈 언제 갚을래?' 등 문자메시지를 보낸 후 피해학생 부모에게 돈 받아내기, 피해자와 함께 택시를 타고 등·하교하면서 지속적으로 택시비 내게 하기 등 금전을 요구하는 행위가 많습니다.

또한, 학교에서 이동수업을 할 때 해당 과목 책을 구해 와서 자신의 책상 위에 펴놓게 하기, 체육 시간에 체육복 빌려오게 하기, 피해학생이 빌려온 책이나 체육복을 주인에게 돌려주지 않는 것은 물론 분실했을 때 빌려온 피해학생이 책임지게 하기, 피해학생의 유명 브랜드 옷과 자신의 옷을 강제로 바꿔 입기, 부모와 가족을 욕하기, 학교폭력 피해 사실을 신고하면 가족을 몰살시키겠다고 협박하기, 피해학생을 자신의 집에 데리고 가서 밥을 하게 하고 설거지나 청소시키기, 편의점이나 옷 가게 등에서 도둑질시키기, 피해학생의 집에 함께 침입하여 귀금속이나 브랜드 가방 훔쳐서 팔기 등 상상을 초월하는 사례들이 있습니다.

피해학생에게 직접 폭력을 행사하는 경우도 있습니다. 피해학생이 보는 앞에서 먹을 것에 침을 뱉은 후 강제로 먹게 하기, 친구를 시켜서 때리거나 피해학생들끼리 싸움시키기, 권투시합을 하자고 하면서 한 시간 정도 때리기, 컴퍼스 등으로 몸을 찌르고 아파하는 모습 촬영하면서 웃기, 담뱃불로 몸을 지지기, 피해학생을 CCTV가 없는 곳에서 실컷 때린 후 CCTV가 있는 곳에서는 피해학생이 자신을 일부러 때리게 하여 자신의 폭행 사실을 숨기기, 화장실 변기에 머리 집어넣고 물고문하기 등 인간으로서 용납할 수 없는 폭력을 행사합니다.

이렇게 학교폭력 피해를 당한 학생들의 고통을 생각하면 마음이 너무 괴롭습니다. 저렇게 심한 피해를 당하면서도 학교에 다닌다는 것이 기적 같은 일입니다. 학교폭력 피해학생이 이런 폭력으로부터 벗어나고자 한다면 신고를 해야 합니다. 두렵더라도 신고를 해야 문제를 해결할 수 있습니다. 그런데 피해학생들은 '너무 무서워서, 일을 키우기 싫어서, 보복이 두려워서, 부모님을 걱정시키기 싫어서'라고 신고를 하지 않았다고 말합니다.

그래서 학교폭력 예방교육 시간이나 상담을 통해 학생들이 자신의 힘으로 해결하기 어려운 일이 발생하면 반드시 친구나, 교사, 부모, 또는 경찰 등 주변에 꼭 알려야 한다는 것을 지도해야 합니다. 신고를 하게 되면 그것을 아는 사람과 기관들이 모두 피해학생의 편이 된다는 사실을 알려 주어야 합니다. 그래야 학교폭력 피해학생이 용기를 내어 신고할 수 있는 분위기를 만들어질 수 있습니다. 앞의 사례에서와 같이 학교폭력을 초기에 알리지 않고 숨기기만 한다면 어느 순간부터 피해학생 혼자서는 도저히 해결할 수 없는 상황으로 일이 커지게 됩니다.

동시에 학생들이 학교폭력 가해자가 되지 않도록 하는 교육도 필요합니다. 학교폭력 피해자가 심리적, 육체적으로 얼마나 힘든지, 그 부모님이 얼마나 큰 고통을 받는지에 대해 말해 주어야 합니다. 그리고 성인이 되어 취업을 하게 되더라도 학창 시절에 저질렀던 학교폭력이 자신의 발목을 잡는다는 사실로 알려 주어야 합니다. 얼마 전 트로트 열풍 속에 방영된 TV 프로그램에서 우승이 유력한 가수가 학교폭력으로 중도 하차했고, 프로야구나 프로배구에 입단했던 운동선수가 학교폭력 사실이 발각되어 퇴출당한 사례도 소개해 줄 필요가 있습니다. 또한, 고위공무원으로 임용될 수 있었던 분들이 자신의 학교폭력이나 자식의 학교폭력으로 중도 하차한 사례들도 좋은 교육자료가 될 수 있습니다.

학교폭력 관련 학생 알아채기

청소년기 학생들은 급격한 호르몬 변화로 인해서 대부분 초조하고, 불안하고 우울합니다. 그리고 그러한 감정들을 공격적으로 표출하는 경향이 있습니다. 그러나 많은 학생들은 학교교육을 통해 그러한 감정들을 자제하는 법을 체험하며 다른 친구들과 함께 어울려 살아가려고 노력합니다.

그렇지만, 학교폭력 가해학생들은 피해학생이 괴로워하는 모습을 보면서 쾌감을 느낍니다. 자신의 존재감을 과시할 수 있어서 당당합니다. 그들에게 학교폭력을 하는 이유를 물으면 대개 장난을 한 것에 불과하다고 의미를 축소합니다. 피해학생이 평소에 자신에 대한 나쁜 소문을 퍼뜨려서 기분이 나빴다, 그냥 짜증이 났다, 인사를 잘하지 않는다, 기분 나쁘게 쳐다본다 등 갖가지 이유를 들어서 자신들의 폭력이 정당함을 주장합니다.

어떤 학생은 학교폭력 피해자였지만 어느 순간 가해자로 바뀌는 경우도 있습니다. 학교폭력 가해학생은 피해학생을 자신의 생각대로 행동하게 함으로써 지배 욕망을 드러냅니다. 이때 피해학생은 가해학생의 요구를 들어주면서 학교생활이나 학교 밖 생활에서 보호를 받습니다. 그러면서 가해학생이 시키는 대로 다른 학생들을 공격하며 피해를 끼칩니다. 자신이 당한 폭력을 모방하면서 점차 자신도 가해학생으로 변모해 갑니다. 힘 있는 자에게는 절대적으로 굴복하지만 자신이 만만하게 여기는 사람이나 화를 내도 되는 약한 사람에게는 가차 없이 폭력을 행사하게 됩니다.

이제 학교폭력으로 피해를 당한 학생들의 징후를 미리 살펴봄으로써 학교생활에서 피해 사례가 발생하지 않도록 노력해야겠습니다.

학교폭력으로 피해를 입는 학생의 학교폭력 초기 단계에서는 학용품이나 교과서가 자주 없어지거나 망가져 있기도 합니다. 아침에 늦잠을 자고 몸이 아프다는 핑계로 학교 가기를 꺼립니다. 등교해서도 조퇴를 자주하는 경향을 보입니다. 부모들이 가정에서 학교생활이나 친구 관계에 대해서 물으면 예민한 반응을 보이며 갑자기 짜증이 많아지기도 합니다. 머리나 배가 아프다고 호소하기도 합니다. 이전보다 용돈을 자주 달라고 요구하며 용돈이 부족할 때는 가끔씩 돈을 훔치기도 합니다.

또한, 불안한 기색으로 핸드폰을 자주 확인하고, 가족들에게 민감하게 반응하면서 폭력적으로 변합니다. 학교폭력 피해학생은 SNS의 글귀나 사진 분위기가 대개 우울하거나 부정적입니다. 자신이 평소에 아끼는 소중한 물건을 친구들에게 그냥 주기도 합니다.

그리고 학원이나 학교에 무단결석을 하는 횟수가 점점 많아지고, 학교 성적이 급격히 떨어지는 경향도 보입니다. 갑자기 학교에 가기를 싫어하고 이유 없이 학교를 그만 다니고 싶어 합니다. 여러 가지 이유를 대며 전학을 보내 달라고 요구하기도 합니다.

특히 유심히 살펴야 할 것은 옷으로 가려진 몸에 상처나 멍 자국이 있는지의 여부입니다. 운동을 하거나 친구들과 장난을 치다가 다쳤다고 둘러댑니다. 학생의 몸에 상처나 멍자국이 있을 때는 학교폭력 피해학생일 가능성이 아주 높습니다.

앞에서도 말했듯이 학교폭력으로 피해를 입은 학생이 어느 날부터 가해학생으로 변하기도 합니다. 또한, 가해학생이면서 피해학생이기도 합니다. 이런 점에 유의하면서 가해학생의 징후를 살펴보겠습니다.

초기에는 담임선생님과 대화를 하지 않으려고 하고 어른들에게 반항하거나 화를 잘 냅니다. 집에서 주는 용돈보다 씀씀이가 커서 매점에서 자주 목격되기도 하고, 고가의 옷을 입거나 비싼 물건을 가지고 다닙니다. 출처를 물어보면 친구가 빌려준 것이라고 둘러댑니다.

교사가 문제행동을 지적하면 과도하게 자존심을 내세우며 갖가지 이유와 핑계를 대기도 합니다. 성미가 급하고 충동적이며 누구에게나 공격적입니다. 친구들과의 관계에서 욕설을 자주 하고, SNS에 친구나 다른 사람을 비하하거나 저격하는 표현을 자주 합니다.

폭력과 장난을 구별하지 못하여 친구들과의 갈등 상황에 자주 노출되며, 숨기려고 하는 것이 많습니다. 옷차림이 지나치게 유행을 따르기도 하고, 과도한 문신으로 외모를 과장되게 꾸며서 주변 사람들에게 위협감을 줍니다. 가정에서는 친구들과 어울려 다니느라 귀가 시간이 늦어지기도 하고, 종종 다른 학생을 때리거나 동물들을 괴롭히는 특징도 있습니다.

이렇게 학교폭력 가해학생이나 피해학생의 징후를 미리 알아내고 예방함으로써 학생들이 친구들과 함께 아름다운 추억을 만들며 미래를 위해 힘차게 뛰어갈 수 있으면 좋겠습니다. 학교폭력의 가해자나 피해자가 한 명도 없는 학교를 꿈꾸며 〈해〉를 음미하겠습니다. 학생들이 해처럼 밝게 빛나는, 희망과 열정의 상징이 되기를 소망합니다.

해

너처럼 빛났으면 좋겠다

너처럼 밝았으면 좋겠다

너처럼 날마다 희망이 되면 좋겠다

너처럼 지치지 않는 열정이 있으면 좋겠다

너처럼 온 세상이 좋아해 주는 존재이면 좋겠다

너처럼 모는 것을 포근하게 품어줄 수 있으면 좋겠다

너처럼 아무리 주어도 또 줄 것이 있으면 더욱 좋겠다

가정교육의 중요성

학교폭력을 예방하기 위해서는 가정의 협조가 필수적입니다. 가정 교육이 학생 개개인의 성장에 미치는 영향이 무엇보다도 크기 때문입니다. 가정의 문화가 어떠한지, 학생이 가정에서 부모에게 뭘 보고 무엇을 배웠는지가 중요합니다. 학교폭력은 학생들의 가정 안에서 양육 태도와 환경이 지대한 영향을 미칩니다. 그런데도 학교폭력과 관련하여 학교에서 학부모에게 연락하면 일부 학부모들은 "집에서는 착하고 아무 문제가 없는 아이인데, 선생님이 잘못 지도하여 일어난 일이니 학교에서 책임지고 알아서 처리하라."라고 하면서 부모로서의 책임과 의무를 포기하는 경우도 있습니다. 부모가 보호자로서의 역할을 포기하니 학교로서는 참으로 난감합니다. 학교폭력 가해자들은 대체로 부모의 과잉보호나 부모의 보살핌이 없는 경우가 많은데도 말입니다.

부모의 과잉보호를 받는 학생들은 세상의 중심에 자신이 있습니다. 자기 자신만 소중하다고 생각하기 때문에 다른 사람의 작은 비판에도 분노합니다. 상대방의 무관심에는 화가 치밉니다. 부모의 애정이 지나쳐서 자기중심적으로 성장했기 때문에 감정조절 능력이 현저하게 떨어집니다. 부모에게 과보호로 양육되면서 항상 자신이 특별한 존재라고 느끼고 있습니다. 그와 동시에 다른 사람에 대한 배려가 없습니다. 자기중심적인 삶이기에 대인관계와 사회생활에서 어려움을 겪습니다. 이런 학부모들은 아이에게 문제가 생겼을 때 어렸을 적부터 직접 해결해 준 사례들이 많습니다. 부모가 앞장서서 아이의 문제를 해결해 주니 아이가 스스로 문제를 해결할 기회를 배우지 못한 것입니다. 자신에게 발생한 문제는 스스로 해결할 수 있도록 기회를 주어야 하는데도 말입니다. 사람은 어려서부터 스스로 문제를 해결해 본 경험이 있을 때에 자기 앞에 닥친 여러 문제들을 슬기롭게 풀어 갈 수 있는 능력이 생기고 이런 과정에서 성취감도 느끼고 자신감도 키울 수 있는데도 말입니다.

반대로 부모의 보살핌이 거의 없는 학생은 가정에서 충분히 사랑받지 못합니다. 부모로부터 관심을 받지 못해서 언제 버려질지 모른다는 불안감이 마음속에 가득합니다. 학생의 감정에는 늘 우울과 분노가 혼합되어 있어서 친구 관계를 맺기가 어렵습니다. 마음이 불안하기 때문에 감정을 자주 폭발하게 됩니다. 자연히 자기통제력이 없고, 주의력도 부족합니다. 부모로부터 관심과 사랑을 받아 본 경험이 없어서 그것을 다른 사람들에게도 베풀 수도 없는 것입니다.

이런 학생들은 자신이 느끼는 감정을 부모에게 인정받고 싶어 합니다. 부모에게 보호받고 싶고, 자신의 미숙함을 수용받고 싶은 욕구도 있습니다. 부모에게 위로받고 싶고, 기대고도 싶습니다. 그런데 가정에서 이런 의존욕구가 충분히 채워지지 않으니 학교에서 폭력적으로 변하는 것입니다. 그러면서도 부모로부터 받았어야 할 보살핌이 없으니 친구나 교사가 자신을 이해해 주기를 바랍니다. 자신의 감정에 공감해 주기를 원하고, 위로받고 싶어 합니다. 그리고 이것이 받아들여지지 않을 때는 더 쉽게 욱하고 자주 짜증을 내게 되는 것입니다.

어른으로 살아야 하는 교사

교사는 어른으로 살아야 합니다. 아무리 나이가 어려도 학생들의 눈에는 어른으로 비추어져야 합니다. 교사는 교사 자격증이 있다고 해서 교사가 아니라 교사가 되는 순간부터 교사가 되어가는 것입니다. 그것도 어른으로서 역할을 해 가면서 모범적인 삶의 모습을 보여 주는 교사가 되는 것입니다.

임용고시에 갓 합격한 20대 교사의 얘기입니다. 자취하는 집에서 평소에는 청소도 하지 않고, 빨래도 설거지도 한꺼번에 몰아서 한답니다. 그런데 어느 날, 부모님이 오신다고 하면서 조퇴를 했습니다. 한꺼번에 몰아쳐서라도 청소를 해야 한다고 했습니다. 그러나 부모님이 도착하시기 전에 청소를 미처 끝내지 못해서 결국 방문하신 어머니가 도와주셨답니다. 그렇습니다. 교사가 되었어도 교사는 부모님 앞에서는 항상 어립니다. 아직 부모의 보살핌을 받고 있습니다. 정신적으로는 부모에게 의지하고 있습니다. 부모 앞에서는 어린이로 살고 싶은 교사도 학교에서는 어른으로서의 역할을 수행해야 해서 학교에 출근하는 것이 부담스러울 때가 많습니다.

선생님들과 이야기를 나누면서 '어른' 하면 떠오르는 이미지가 무엇이냐고 물었더니 주로 '책임감, 너그러움, 보살핌, 생계 걱정, 현실, 보호, 인내, 꿈 버리기' 등의 단어들을 이야기합니다. 나이가 벼슬인 우리나라에 살아가면서 어렸을 적에는 얼른 어른이 되고 싶었지만, 막상 교사가 되어 어른으로 살아가야 하는 현실에 나이 먹는 것이 두렵습니다. 두 어깨가 무겁게 눌렀나 봅니다.

어른인 교사는 언제, 어떻게, 무슨 일을 벌일지 모르는 학생들을 책임져야 합니다. 내가 담임을 맡고 있는 학생들, 내가 수업해야 하는 학생들 모두를 안전하게 보호해야 합니다. 가정환경이 어려운 학생들은 따뜻하게 보살펴야 하고, 문제를 일으키는 학생들도 넓은 가슴으로 안아 주어야 합니다. 학생들보다 인생을 멀리, 폭넓게 바라보면서 진로에 도움을 주는 지혜로움도 겸비해야 합니다.

결국, 어른으로서 교사가 된다는 것은 학생들을 지그시 내려다보면서 포근하게 안아 주는 부처님이나 예수님의 마음을 갖는 것입니다. 학생들의 어떤 잘못도 용서해 줄 수 있는 관용이 마음에 가득 차 있어야 합니다. 학생들의 비행을 보면서도 '그럴 수도 있지'라는 마음가짐이 있어야 교사로서 살아갈 수가 있습니다. 학생들을 등에 짊어지고 짐꾼처럼 살아가는 사람이 아니라 넓은 가슴으로 안아 주면서 사랑으로 살아가야 합니다. 학생의 잘못을 지적하면서 큰소리로 질책하는 것은 어른다운 교사의 모습이 아니기 때문입니다.

새학년 준비기간에 선생님들께 어른으로서의 교사의 역할에 대해 이야기했습니다.

"학교에서 교장이 교감에게 큰소리하면 그건 교장의 잘못입니다. 교감이 교사들과 다툼이 일어나면 그건 교감의 잘못입니다. 행정실 직원이 교사와 언쟁을 벌이면 그건 행정실 직원의 잘못입니다. 왜냐하면 교장이 교감보다, 교감이 교사보다 더 큰 권한을 가지고 있기 때문입니다. 더 어른이자 리더이기 때문입니다. 리더는 비전을 구성원들과 공유하고 그것이 잘 실천될 수 있도록 설득해야 하는 어른이기 때문입니다.

마찬가지로 학교회계 전문가로서 학교 예산을 훤히 꿰뚫고 있는 행정실 직원이 행정실에서 예산 사용 문제로 교사와 언쟁을 일으키는 것은 학교회계 전문가다운 모습이 아닙니다. 행정실 주무관들은 권위를 가진 전문가이기 때문입니다. 교사들에게 예산 사용 방법에 대해 친절하게 설명해 주고, 교육활동이 원활하게 지원해야 하는 책무가 있기 때문입니다.

이렇게 생각한다면 교사가 학생을 지도하면서 큰 소리로 나무라는 것은 교사의 잘못입니다. 교사는 학생들을 잘 보살펴서 바르게 성장시켜야 할 의무를 지닌 어른이기 때문입니다. 교육은 큰 소리를 쳐서 학생들을 상압적으로 굴복시키는 것이 아닙니다 학생들이 교사의 가르침을 잘 받아들일 수 있도록 이해시키고 설득해서 훈육하는 것입니다."

학생들의 어른들의 모습을 보면서 성장하게 됩니다. 어느 연구에 의하면 인간은 눈으로 배우는 것이 귀로 배우는 것보다 500배의 효과가 있다고 합니다. 교사가 하는 말과 행동, 상황에 대처하는 능력과 생각,

감정 등이 학생들에게 강력한 영향을 미친다는 의미입니다. 그래서 교사의 역할이 가르치는 데에만 머물러서는 안 됩니다. 모든 언행에 있어서도 교사가 학생들의 귀감이 되어야 합니다. 그래서 교사는 세상에서 가장 어려운 직업인지도 모릅니다. '교육 변화를 이끌며 학습하는 교사, 존중의 삶으로 본보기가 되는 교사'가 존경받는 스승상이 되어야 하는 이유입니다.

마음의 상처를 받아서 분노로 가득 찬 학생들을 위한 치료제는 어른인 교사의 믿음과 인정입니다. 가정에서 부모에게 믿음과 인정을 받은 경험이 없는 학생들이 억눌려진 분노를 학교에서 폭발시키는 것이 학교폭력입니다. 학생의 행동 변화는 교사나 부모 등 어른 하기 나름입니다. 학생들의 긍정적인 행동을 이끌어내기 위해서는 어른들의 행동이 먼저 달라져야 합니다. 학생들이 부정적인 감정 상태를 보이고 문제행동을 일으키는 것은 미성숙한 어른들의 영향이 큽니다. 그 어른들이 성숙하지 못한 언행을 하는 환경에서 성장을 하게 되어 그렇게 된 것입니다.

그래서 학생들의 감정을 긍정적인 방향으로 이끌어 주는 어른들이 필요합니다. 학생들이 긍정적인 감정 상태가 되어야 사람들과 소통도 하고 배려도 하고 존중도 할 수 있습니다. 어른들이 믿어 주고 존중해 주면 학생들은 조금씩 달라지고 바뀔 수 있습니다. 이런 환경에서 긍정적인 학생의 행동 변화는 조금씩 일어나게 됩니다.

교사의 삶도 어렵지만 학교의 최고 어른으로서 역할을 하며 살아야만 하는 교장의 삶도 정말 힘듭니다. 학교에서 언행에 가장 자유롭지 못한 사람이 교장입니다. 말 한 마디, 행동 하나하나가 구성원들의 귀감이 되어야 하기 때문입니다. 발언의 영향력도 크기 때문에 말을 할 때마다 더욱 신경을 써야 합니다. 그래서 가급적이면 말을 하지 않으려고 노력합니다. 교장의 삶은 흡사 시집살이와 같아서 '교장+시집살이'의 합성어인 〈교장살이〉를 제목으로 시를 써 보았습니다. 교사도 학생들의 어른으로 살아가야 해서 '교사살이'로 읽어도 괜찮습니다.

교장살이

단점에 눈 감으라 못 본 것처럼
칭찬에 귀 막으라 못 들은 것처럼
잔소리하려거든 입 닫으라 말 못 하는 것처럼

한쪽 눈 감고 좋은 면만 보고
한쪽 귀 닫고 비판만 새겨들으며
걸러 내고 수선시켜 긍정의 말만 하라

고독을 운명으로 받아들이며
태양처럼 빛날 이들의 그림자로 살면서
몸으로 보여 주는 열정의 꽃 피워라

감정을 조절하는 방법

　박상미 교수는 '교사 자존감 수업'이란 강의에서 한국인이 자주 쓰는 감정 어휘를 소개하면서 긍정적인 감정의 단어들을 자주 사용하기를 권장합니다. 반면에 부정적인 감정의 단어들은 자신의 감정을 정확히 모를 때만 찾아보라고 합니다. 사람은 자신의 구체적인 감정을 찾아 낼 때 비로소 감정의 주인이 된다고 합니다. 따라서 주체하기 어려운 감정이 밀려올 때 자신의 감정에 이름을 붙여 보는 연습을 해 보는 것이 좋다고 말합니다. 일상생활에서도 긍정적인 감정의 단어들을 자주 사용하면 행복해집니다. 반면에 부정의 감정 어휘는 가급적이면 사용하지 않는 것이 좋습니다. 부정적 감정의 어휘가 사람들을 부정적인 방향으로 이끌어 가기 때문입니다. 부정적 어휘에 노출되다 보면 어느 순간 자신도 모르게 나쁜 감정에 휘둘릴 수 있기 때문입니다.

　학생들이 주체하기 어려울 정도로 나쁜 감정이 차오를 때 박상미 교수가 제시한 다음 표를 보고 자신의 감정을 객관적으로 파악하면 감정을 조율하는 데 도움이 됩니다. 이 감정어휘들은 자신의 마음을 다른 사람의 시선으로 찬찬히 들여다볼 수 있게 합니다. 자신의 감정을 객관적으로 바라볼 수 있어서 자신을 위해 어떻게 말하고 행동하는 것이 바람직한가를 판단할 수 있게 해 줍니다.

감정	감정 어휘
만족	좋다, 평화롭다, 편안하다, 만족하다, 고맙다, 감탄하다, 감동하다, 홀가분하다
흥미	기대하다, 몰두하다, 재미있다, 흥분되다, 관심 있다
기쁨	행복하다, 기쁘다, 유쾌하다, 즐겁다, 뿌듯하다, 성취감을 느끼다, 즐겁다, 흥미롭다
놀람	놀랍다, 당황하다, 경악하다, 어이없다, 뜻밖이다
걱정	걱정되다, 두렵다, 겁나다, 불안하다, 초조하다, 심란하다, 막막하다, 답답하다
후회	후회되다, 아쉽다, 허무하다, 속상하다, 망설이다, 미안하다, 애틋하다
부끄러움	부끄럽다, 무안하다, 수치스럽다, 쑥스럽다, 창피하다, 수줍다, 주눅 들다, 민망하다
슬픔	슬프다, 가슴 아프다, 서글프다, 우울하다, 그립다, 서럽다, 서운하다, 외롭다
분노	괘씸하다, 배신감이 들다, 억울하다, 한 맺히다, 자기혐오를 느끼다, 자괴감이 들다
혐오	혐오스럽다, 증오하다, 구역질나다, 피하고 싶다
싫음	싫다, 귀찮다, 짜증나다, 지겹다, 지루하다, 역겹다, 난처하다, 낯 뜨겁다
경멸	경멸하다, 무례하다, 씁쓸하다, 거부감을 느끼다
질투	질투 나다, 약 오르다, 샘나다

최성애·조벽 교수도 학생들이 자신의 감정에 이름을 붙이는 것이 중요하다고 말합니다. 청소년들은 감정과 관련한 어휘가 부족하고 감

정에 대해 공감을 잘 받지 못하고 자라서 감정을 흑백으로 나눠서 '짱 좋아!' '짜증나!' 두 가지로밖에 표현하지 못하는 경우가 많다고 합니다.

함규정 박사도 〈감정도 실력입니다〉에서 "감정을 조절하지 못하는 가장 근본적인 원인은 자신의 감정을 본인이 알지 못하기 때문이다. 지쳐 있는지, 우울한 것인지 구분이 안 되면 조절도 불가능하다. 자신이 화가 났다는 것을 알아야 그 화를 가라앉히기 위해 열까지 숫자를 세며 노력할 수 있다. 내가 지쳐있다는 것을 알아야 몸에 좋은 보양식을 먹고 푹 쉴 수 있고, 자신이 우울하다는 것을 알아야 우울함에서 벗어나기 위해 좋아하는 친구에게 전화를 걸어 즐거운 약속을 만들 수 있다. 그런데 내 감정이 하나로 뭉뚱그려져서 서로 뒤섞여 있다면, 감정을 어떻게 읽어야 할지 가닥을 잡을 수 없다. 감정을 해결할 방법을 찾지 못하니 계속 쌓이고 엉켜만 간다."라고 말했습니다.

그래서 감정에 이름을 붙이는 연습을 하다 보면 감정을 훨씬 잘 표현할 수 있게 됩니다. 감정에 이름을 붙인다는 것은 감정적인 우뇌의 현상을 이성적인 좌뇌를 사용하는 언어로 연결시켜 줌으로써 감정이 이성과 만날 수 있도록 다리를 놓아 주는 구실을 하기 때문이라고 합니다. 감정이 이성과 만나면서 강한 감정에 이성적으로 대처할 수 있는 능력이 생길 수 있다는 것입니다. 청소년들은 자신이 느끼는 감정이 어떤 것인지를 알게 되면 마음이 놓이고 그 감정으로 인해 혼란스러워하거나 감정에 집착하는 대신 그 대처법에 조금 더 신경 쓸 수 있는 여지가 생깁니다.

그래서 제시한 표의 감정들을 학교에서 학생들과 자주 활용하여 감정에 이름을 붙이는 연습을 하면 학생들이 끓어오르는 강한 감정을 이성적 사고로 전환해서 평안한 학교생활을 할 수 있을 것입니다.

학생도 어른처럼 대하기

가정의 경제적 안정을 위해 맞벌이가 일반화된 현실에서 학생들의 가정교육은 소홀할 수밖에 없습니다. 사회변화에 발맞춰 학생들의 교육환경도 예측할 수 없을 만큼 급격하게 변화하고 있습니다. 그러기에 날이 갈수록 학생들의 생활교육도 어려워집니다. 교사에게 끊임없는 연수가 필요한 이유입니다. 교사가 학생들과 호흡하며 교직에서 행복하기 위해서는 학생들과 함께 사는 법을 새롭게 배우지 않을 수 없습니다.

학교에서 문제를 일으키는 학생들에게는 교사의 따뜻한 관심과 사랑의 눈빛이 좋은 처방약임을 앞에서 공부했습니다. '학생도 어른처럼 대해 주면 어른이 된다.'는 말처럼 학교에서 인권이 존중되는 분위기가 감돌면 학생들은 학교에 오는 것을 좋아하게 되고 학교에서 오래 머무르고 싶어 합니다.

인권 존중이라는 말 자체가 매우 추상적이지만 '인권의 개념은 학생들도 어른처럼 존중하는 것'이라고 정의하고 싶습니다. 우리가 어른들에게는 함부로 조언을 하거나 질책하지 않는 것처럼 학생들에게도 그렇게 대하는 것입니다.

잔소리와 조언의 차이점은 분명합니다. 학생이 그 말을 듣고 싶어 하느냐의 여부에 달려 있습니다. 교사가 학생들이 바르게 성장할 수 있도록 일방적으로 하는 말은 잔소리에 불과합니다. 이런 말들은 선생님뿐만 아니라 부모님이나 친척들에게 이미 들었던 너무나 뻔한, 그렇지만 좋은 말들입니다. 하지만 여기저기서 하도 많이 들어서 더 이상 듣기가 싫습니다. 반면에 조언은 물어보는 말에 대답하는 것입니다. 학생들이 자신의 삶이나 미래 설계를 위해 꼭 필요해서 물어보는 것에 대한 대답이 조언입니다. 그래서 조언은 학생들이 귀담아 듣게 되고 그들의 살이 되고 피가 됩니다. 가슴에 와닿는 조언을 들으면 학생들의 새로운 미래에 대한 설렘으로 가슴이 부풉니다.

잔소리와 조언의 차이점을 인식했다면 아무리 학생들에게 도움이 되는 말도 학생들이 동의하지 않으면 해서는 안 됩니다. 학생들이 동의하지 않는 조언은 잔소리에 불과하기 때문입니다. 학생들이 물어보거나 도움을 청하지 않는 한 조언을 하는 것은 아무 효과가 없습니다.

학생들의 인권을 존중하는 것은 학생을 소중하게 대함으로써 그 가치를 인성하는 것입니다. 그러기에 교사는 학생들과의 대화를 하면서 학생들의 입장을 인정하고 존중해야 합니다. "무슨 일 있니? 어떻게 된 일이니? 그래서 그 방법이 최고였어? 다른 방법은 없었어? 그래서 그다음에는 어떻게 할 건데?" 등의 질문을 하고 학생들이 답변을 할 때마다 "응, 그랬구나. 참 속상했겠다. 너무 두려웠겠다. 굉장히 억울했겠다. 그래서 그랬구나!" 등으로 공감해 주는 것이 좋습니다.

그렇지만 교사가 학생들과 지나치게 가까워지는 것은 경계해야 합니다. 식물이 잘 자라기 위해서는 적당한 햇빛, 적당한 물, 적당한 거리가 필요하듯이 인간관계에서도 적당한 거리가 필요합니다. 식물에 대한 애정이 넘쳐서 더 많은 흙을 주거나 빨리 자라게 하기 위해 더 많은 물을 줄 경우에 식물이 죽어 버릴 수 있습니다. 적당한 거리의 난로는 따뜻하지만, 너무 가까이 다가가면 화상을 입을 수 있습니다. 반면 지나치게 멀리서 난로를 마주하면 따뜻함을 느끼지 못합니다.

가까운 거리에서 교사와 관계 맺기를 원하는 학생이 있는 반면에 오히려 교사들과 거리감이 있을 때 편안함을 느끼는 학생들도 있습니다. 이런 학생들은 교사가 자주 불러서 일상적인 이야기를 물어보면 오히려 힘들어합니다. 내성적인 성격을 지닌 학생들이 대개 그러합니다.

문요한 교수는 《관계를 읽는 시간》에서 바운더리의 개념을 이야기합니다. 바운더리는 인간관계에서 나와 나 아닌 것을 구분하게 하는 자아의 경계이자, 관계의 교류가 일어나는 통로를 말합니다. 건강한 교사의 바운더리는 교사가 할 수 있는 것과 없는 것의 한계를 알고 그 한계 안에서 최대한 학생을 지원하는 것이라고 말합니다. 학생의 입장에 설 줄 알지만 교사의 입장을 잃어버리지 않고, 학생이 문제를 해결할 수 있도록 돕지만 학생의 문제를 대신 해결해 주지 않는 것이 중요하다고 말합니다.

그래서 교사는 학생의 사생활에 너무 깊숙이 개입하지 않고 학생들

이 편안함을 느낄 수 있는 적절한 거리에서 조언하고 안내하는 것이
중요합니다. 교사는 흘러가는 물을 보호하는 둑과 같은 존재가 되어
야 합니다.

교사

산속 작은 물이
개울을 거쳐 냇가로
냇가를 거쳐 강으로
강을 거쳐 바다로
더 큰물로 나가는 것은
개울둑이
냇둑이
강둑이
막힌 길 터주고
여행길 안내하고
진수 만들어 주고
넘쳐나지 않게 보호해 주기 때문이다

자존감을 높이는 교육

자존감은 자아존중감의 준말입니다. 자신을 존귀하고 중요하게 여기는 마음을 말합니다. 자신을 사랑받을 만한 가치 있는 사람으로 여기는 것입니다. 자신을 소중한 존재로 생각하고 자신의 삶을 행복하게 살아갈 수 있다고 믿는 마음가짐입니다. 자존감은 자신을 긍정적으로 받아들이는 삶의 자세에서 비롯됩니다. 자신을 인격체로 존중하면서 남과 비교하지 않는 삶을 사는 것입니다.

자존감이 높은 사람은 자기 발전 가능성에 기대를 겁니다. 자기 성장에 대한 자부심이 높기 때문에 실패를 할 때에도 능력이 아닌 노력과 방법에서 문제점을 찾습니다. 자신이 어제보다 나은 사람이 되고 있는가를 성찰하며, 점점 더 좋은 사람이 되어 가고 있다는 믿음을 가지고 있습니다.

그래서 자존감은 역경을 이겨 내고 성취를 만들어 낼 수 있다는 자신감과 직결됩니다. 적절한 수준으로 자존감을 높이는 것은 자신을 소중히 여기면서도 다른 구성원과 긍정적인 관계를 유지할 수 있게 합니다. 또한, 작은 실패나 역경에도 유연하게 대처하게 합니다.

반면에 자존심은 남에게 굽히지 않는 당당한 마음입니다. 비교를 통해 자신의 품위를 지키려고 하는 마음입니다. 자존심이 센 사람은 끊임없이 다른 사람과 경쟁을 통해서 타인 중심의 삶을 살아갑니다. 자존심은 자신에게 점수를 매기고 남과 비교합니다. 한마디로 상대방으로부터 무시당하고 싶지 않은 마음이 자존심입니다. 화를 많이 내는 사람은 자존감이 낮고 자존심이 높은 사람입니다. 자존감이 낮으면 열등감에 쉽게 빠질 수 있습니다. 왜냐하면 자신만의 관점이나 기준이 없어서 항상 남의 시선과 평가에 전전긍긍하기 때문입니다.

자존감이 낮으면 자존심이 세집니다. 낮은 자존감은 어린 시절 결핍에서 비롯됩니다. 부모의 보살핌이나 사랑 대신에 학대와 무관심 속에 방치되면 자신을 부정적으로 바라봅니다. 그러면서 그 빈 구멍을 메꾸기 위해 상대의 인정을 끊임없이 갈구합니다. 부모가 돌보지 못한 낮은 자존감은 그 누구도 메꿀 수 없지만 학교에서 작은 성취의 경험을 갖게 하거나 긍정적인 언어를 사용하게 함으로써 어느 정도는 채워 나갈 수 있습니다.

이 자존감에 결정적 영향을 미치는 요인은 교사의 칭찬과 격려입니다. 결과보나는 노력에 초점을 맞춘 칭찬이 바람직합니다. 일의 성패와 관계없이 다음 일에도 긍정적인 자세로 뛰어들게 만들 수 있는 원동력이 바로 자존감입니다. 자신을 적절히 사랑할 수 있는 사람이 다른 사람들과 협동의 미덕을 발휘할 수 있습니다.

자존감이 낮고 자존심이 높아 다른 사람과 비교하며 살아가는 삶,

그래서 남에게 잘 보이기 위한 삶은 자신을 나쁜 사람으로 살아가게 만듭니다. 성취해야 할 기준이 너무 높으면 좌절감을 생겨서 자신을 외면하고 억압한 채 살아갑니다. 열등감으로 인해 노력도 하기 전에 번 아웃됩니다. 그래서 교사는 학생들이 자신의 능력으로 성취해 낼 만한 수준의 문제를 제공하는 것이 좋습니다.

학생들은 교사에게 자신이 미움을 받는다고 생각하면 자존감이 크게 떨어집니다. 공부할 가치를 느끼지 못하고, 교우 관계도 나빠져서 학교에 가기 싫어합니다. 도덕적으로도 교사가 학생을 싫어하는 것은 잘못입니다. 학생이 아무리 힘들게 해도 교사는 학생을 미워해서는 안 됩니다.

문요한 교수는 자아존중감을 높이는 방법으로 긍정적인 주문을 외도록 권장합니다. 긍정적인 언어들은 학생이 힘들 때조차 자신을 따뜻하게 안아 주며 평안하게 만듭니다.

"나는 항상 좋은 감정을 선택해."

"나는 나의 선택과 판단을 믿어."

"나는 걱정을 하기보다는 긍정적인 것을 생각해."

"괜찮아, 나는 참 잘 살아왔어. 힘든 시절 잘 버텨 줘서 고마워."

"그건 내 잘못이 아니야."

이런 긍정적인 언어들은 학생에게 스스로를 잘 돌볼 수 있는 힘을 줍니다. 나아가 남과 자신을 비교하지 않고 당당하게 살아갈 수 있는 에너지를 만들어 줍니다.

문항	전혀 아니다 (1)	대체로 그렇다 (2)	그런 편이다 (3)	매우 그렇다 (4)
나는 다른 사람만큼 가치 있는 사람이다				
나는 장점을 많이 가지고 있다				
나는 별 어려움 없이 내 마음을 결정할 수 있다				
나는 행복한 사람이다				
나는 다른 사람만큼 일을 해 나갈 수 있다				
나는 나 자신을 잘 안다				
나는 현재 내가 하는 일에 만족한다				
나는 쉽게 포기하지 않는다				
나는 스스로에 대해 긍정적인 태도를 갖는다				
나는 좋아해 주는 사람이 많다				

박상미 교수는 자존감 향상을 위해 로젠버그의 자존감 테스트를 활용하여 교육할 필요가 있다고 말합니다. 10문항으로 구성된 문항의 점수를 모두 더한 총점이 10·19점이면 자존감이 낮은 편, 20~29점이면 자존감이 보통 수준이며, 30~39점이면 자존감이 높아 자신을 소중하게 생각하고 모든 일에 자신감이 충만할 것이라고 합니다.

박상미 교수는 자존감이 낮은 학생들은 자존감 테스트 문항을 매일매일 소리 내어 읽기만 해도 하루하루를 행복하게 보낼 수 있다고 했습니

다. 우울했던 표정도 밝아지고, 얼굴에는 생기가 돈다고 합니다. 아침 조
례시간에 학급 전체가 소리 내어 읽는 것을 습관화하면 학급의 분위기
도 하루 종일 좋아지고, 아이들의 학습 분위기도 매우 좋아질 것입니다.

눈으로 말해요

눈을 마주 봐요
아무 말 하지 말아요
눈으로만 말해요

가만히 쳐다보면
그대 눈빛엔
들리지 않던 이야기들 보여요

쑥스러워 하지 못했던 말
꺼내지 못하고 담아두었던 말
내 마음으로 서서히 옮겨오네요

말없이 하는 말 크게 들으며
한눈팔지 않고 바라볼래요
그대 아픔까지 챙겨줄래요

칭찬과 인정의 교육

'칭찬은 고래도 춤추게 한다.'라는 말처럼 칭찬은 행복 바이러스입니다. 똑같은 행동을 보고도 부정적인 사람은 나쁘게 말하고, 긍정적인 사람은 그 단점도 예쁘게 표현합니다. 아주 행동이 느린 학생을 보고 게으르다고 질책하기보다는 "너는 아주 신중하구나."라고 칭찬하는 사람이 교사입니다. 오지랖 넓게 자주 참견하는 학생에게도 "너는 아주 속도감이 있어서 좋구나. 지금 같은 인터넷 시대에 딱 맞는 사람이야."라고 칭찬해 주면 학생과의 사이가 더 좋아집니다. "남의 물건을 자주 훔치는 학생을 어떻게 긍정적으로 쓸 수 있냐?"라고 묻는 동료 선생님께 "남의 물건도 내 물건과 같이 사랑하는 학생입니다라고 써 보세요."라고 농담처럼 말한 기억이 떠오릅니다.

그렇게 보면 학생의 미운 행동은 미운 생각에서 비롯되는 것 같습니다. 엄청난 비행을 저지르는 학생을 교육해야 하는 교사도 그 학생의 부모님보다는 마음고생이 덜할 겁니다. 날마다 담배를 피우고, 술을 마시고, 친구들과 어울리다가 밤늦게 귀가하고, 학교 가기도 싫어 지각이나 결석을 자주 하고, 부모에게 거친 말을 쏟아내고, 집에 오면 컴

퓨터 게임에만 빠져 있고, 날마다 용돈 달라고 하고, 용돈이 없으면 도둑질을 하고, 학교폭력을 일삼고…… 이런 학생들도 학교에서 하는 행동은 가정에서 하는 것보다는 조금 덜합니다. 학생 나름대로는 많이 자제하려고 노력하는 편일 겁니다.

이런 종류의 행동으로 비난을 듣는 학생도 긍정적인 얘기를 해 주는 사람을 만나면 그때부터 변하려고 노력합니다. 학생이 조금씩이라도 변하는 모습을 보여 주면 주변 사람들이 칭찬하기 시작합니다. 그런 칭찬을 들은 학생은 더 좋은 학생이 되기 위해서 비난받는 행동들을 자제하기 시작하면서 바람직한 모습으로 성장하게 됩니다. 학생 자신이 변할 결심을 하고 이것을 실행으로 옮겨야만 가능한 일입니다. 반면에 모든 교사들이 미운 짓을 하는 학생을 부정적으로 평가하고 날마다 나무란다면 그 학생은 학교에서 설 자리가 없어질 것입니다. 그리고 자신의 존재감을 증명하기 위해 오히려 더 큰 비행을 저지르게 되는 것입니다. 선생님들이 미워했기 때문에 오히려 비행을 할 명분을 갖게 된 것입니다.

학생안전부장님이 내년도 학생회장단 선거와 관련해서 걱정을 했습니다. 만약, 학교에서 말썽을 피우는 학생들로 구성된 팀이 당선된다면 학생회의 활동이 많이 위축될 것이고, 학생 중심의 여러 가지 학교 행사들도 원만하게 치르기 어려울 것 같다는 내용이었습니다. 올해까지 잘해 왔던 학생회의 기능이 갑자기 축소된다면 학교 전체의 분위기도 좋아지지 않을 거라는 염려도 있었습니다. 충분히 공감이 가는 말씀이었습니다. 학교를 걱정하는 학생부장님의 마음도 너무 고마웠습니다.

그러나 저는 부장님께 그 문제는 그렇게 크게 걱정하지 않으셔도 학생회는 잘 운영될 수 있을 것이라고 말씀드렸습니다.

"말썽을 피웠던 학생들에게도 어떤 역할이 주어지면 그들은 책임감 때문에 행동이 변할 수밖에 없습니다. 특히나 직접 선거에 의해 당선된 회장단이기 때문에 지지해 준 학생들의 성원에 보답하려고 노력할 것입니다. 만약에 회장단이 제 역할을 하지 못하면 학생들의 비난을 감수해야 할 것입니다. 학생회 활동이 올해보다 조금 못할 수는 있습니다. 그러나 그 학생들은 최소한 올해보다는 더 나아질 것입니다. 학생들이 응원해 주었던 만큼 그 기대를 충족시키기 위해서 그들 나름대로는 열심히 노력할 것입니다. 선거에 의해 학생회장단으로 당선된 만큼 좀 더 성숙해지고, 책임자로서 일하다 보면 학교나 선생님에 대한 불평불만도 사그라질 것입니다.

투표권을 가진 학생들의 입장에서 생각해 보면 앞으로 투표를 할 때 훨씬 더 신중해질 것입니다. 만약, 잘못된 선택을 하게 된다면 1년 내내 학교생활이 더 힘들어질 것이기 때문입니다. 만약, 당선된 학생회장단이 학생회 활동을 소홀히 한다면 학생들 입장에서는 자신들을 대변해 줄 사람들이 없어서 학교생활의 불편을 초래할 것이고 그만큼 힘들어질 것입니다. 그러나 이것도 교육입니다. 학생들이 학창 시절에 선거에서 이런 잘못된 선택을 하고, 어려움을 겪어 보아야 성인이 되었을 때 똑같은 실수를 반복하지 않을 것입니다. 그래서 학생들이 사회에 진출해 투표권을 가진 유권자가 되었을 때 국민들에게 헌신하고 봉사할 수 있는 참일꾼 후보를 골라 투표할 수 있는 능력을 갖게 될 것입니다. 이렇게 학교에서의 실패나 실수는 전 인생을 걸쳐 참교훈이 되는 것입니다."

학교에서 비행을 수시로 행하는 학생들을 교장실에 개별적으로 불러서 이야기해 본 적이 있습니다. 습관적으로 비행을 저지르는 학생들도 자신의 미래를 걱정하고 있었습니다. 그리고 그런 행동들이 잘못이라는 것도 알고 있어서 스스로 그것을 고치고 싶다는 욕망도 있습니다. 그러나 그러한 비행들이 이미 습관으로 굳어져 있어서 마음을 먹는다고 곧바로 행동을 교정하기는 어렵습니다. 친구들과 잘 지내다가도 어느 순간 욱하는 성질을 참지 못해 자신도 모르게 비행을 저지르는 일이 다반사입니다.

학교에서 비행을 일삼는 학생의 사례를 구체적으로 살펴보겠습니다. 이 학생은 학교에서 담배를 피웠으나 교사가 그것을 지적하자 담배를 안 피웠다고 끝까지 우깁니다. 교사의 허가 없이 무단으로 외출하여 학교 주변의 동네를 배회하며 담배를 피워서 학교나 아파트관리사무소로 신고가 들어옵니다. 등교하면 핸드폰을 담임교사에게 제출해야 하나 그것을 거부하고, 수업 시간에 문자를 보내거나 게임을 하면서 이를 말리는 교사에게 거친 욕설을 하면서 무시합니다. 수업 시간에 교실을 나와 돌아다니며 다른 반 수업을 방해합니다. 수업 시간에 학교 주변을 돌아다니거나 위클래스, 복지실에 들어가서 누워 있거나 잠을 잡니다. 등교를 하면서 교복 대신 체육복을 입고 오거나 슬리퍼를 신고 옵니다. 등·하교 시간도 구애받지 않고 자유롭습니다. 외출이나 조퇴도 마음대로 합니다. 감정조절을 하지 못해 갑자기 화가 날 때 학생들이나 교사에게 거친 욕설을 합니다. 점심시간에 체육관 문을 잠그고 비행 학생 몇몇이 모여 공연 장비로 노래를 부릅니다. 학교폭력을 하면 선수로서 생명이 끝난다는 운동부 선수들의 약점을 이용해 얼굴에 침을 뱉으며 폭력을 유도합니다. 휴대폰을 학급 TV에 연결하여 음악을 들으며 수업이 시작돼도 그러한 행위를 멈추지 않습니다. 학교폭력으로 분리 조치 징계를 받은 뒤에도 해당 학생에게 재차 폭력을 행사합니다. 다른 학생과의 싸움을 말리는 교사를 폭행하고서도 오히려 자신이 교사에게 아동학대를 당했다고 경찰에 신고하고 119를 부릅니다.

계속되는 비행으로 교사들도 이 학생을 더 이상 지도할 방법을 찾을 수 없었습니다. 교사의 지도에 따르지 않는 학생을 강제적으로 교육할 수 있는 권한이 없기 때문입니다. 교사들이 그 학생의 감정을 수용해 주고, 인내하고, 기다려줘도 그때뿐, 분노조절장애로 인한 감정폭발을 감당하기가 어려웠습니다. 그래서 그 학생의 부모님을 학교로 오시라고 해서 세 번 정도 이야기를 나누었습니다. 학교에서도 이처럼 힘들게 하는 학생인데 가정에서는 이보다 훨씬 더한 언행이 이어질 것 같아 위로의 말씀을 건넸습니다.

부모님은 이 학생이 아주 어렸을 적부터 원하는 것을 모두 다 들어 준 것이 실수인 것 같다고 말했습니다. 아이가 아주 어렸을 적에 어머니들 모임이 있었는데, 함께 데리고 온 아이들에게 똑같은 빙과류를 주었답니다. 그런데 이 아이는 혼자서만 아이스크림 큰 통을 요구해서 그걸 사 줬다고 합니다. 다른 어머니들이 그렇게 하면 아이 버릇이 나빠진다고 만류했으나 어렸을 적부터 워낙 고집이 센 아이라 그 요구를 수용할 수밖에 없었답니다. 그 이후에도 아이가 요구한 대로 다 들어주다 보니 지금은 아이에게 그 어떤 것도 훈육할 수가 없는 처지가 되었다고 후회를 했습니다. 아이가 스스로를 통제할 수 있는 능력이 상실된 것 같다고 했습니다. 분노조절 장애를 겪고 있다고 했습니다. 그래서 가정에서 더 이상의 훈육이 어렵다고 했습니다.

학부모와의 면담이 끝난 후 그 학생을 교장실에 불러 이야기를 나누며 "내일부터 등교하면 매일 1시간씩 교장선생님과 공부하는 게 어때?"라고 제안했습니다. 다행히 이 학생은 이전에도 몇 차례 교장실로 불러 이야기를 나눈 적이 있었습니다. 그 때마다 그의 비행을 질책하기보다는 작은 가능성을 찾아 칭찬해 주고 인정해 준 좋은 경험을 갖고 있어서 선뜻 동의했습니다. 그래서 2개월 정도 교장실에서 그와 함께하며 지낼 수 있었습니다. 결석과 지각이 잦은 학생이었기에 실제로 만난 기간은 1개월 정도밖에 안 됩니다. 그 후 곧바로 겨울방학이 이어졌기 때문입니다.

학생이 등교를 하면서 교장실로 오면 우선 따뜻한 차 한 잔을 주면서 학교생활, 친구관계, 선생님들과의 관계, 가정생활 등 일상적인 이야기를 가볍게 나눴습니다. 그리고 "네 얼굴을 보니 복이 덕지덕지 붙어 있구나. 귀도 부처님처럼 생겼고, 얼굴도 두툼하니 아주 복스러워. 나중에 어른이 되면 큰돈을 벌어 사장님이 되겠네."라며 외모 칭찬을 했습니다. 그리고 사장님을 하기 위해서 공부할 필요성이 있다는 것을 얘기해 줬습니다. "사장님이 되려면 기본적으로 영어와 한자는 알아야 해. 왜냐하면 사장이 무식하면 사원들이 무시하거든. 사장이 사원들에게 좀 괜찮게 보이려면 기본적인 소양은 갖추어야 돼. 수준 있는 사장의 기본은 일상생활에 자주 쓰이는 영어와 한자를 아는 것이야."라고 말하면서 존경받는 사장이 되기 위한 공부를 해 보자고 제안했습니다. 학생도 자신의 미래를 밝게 말해 준 것에 기분이 좋았는지 공부를 같이 하고 싶다고 말했습니다.

그래서 그다음 날부터 영어공부를 시작하고, 그것을 마치면 한자 1,800자 읽기를 공부하자고 했습니다. 학생의 동의를 받아 그렇게 공부는 시작되었습니다. 교재는 우리 학교에서 제작한 《배움&채움》 책입니다.

그 책에서 '중학교 실용 영단어, 외래어 표현' 편을 공부했습니다. 발음기호 읽는 법을 설명해 주고 그 발음대로 읽어 보게 했습니다. 발음 교정이 끝나면 단어의 스펠링을 외우고, 그 의미를 파악하는 과정을 거쳤습니다. 하루에 20개 단어씩 공부를 한 후 그것을 외워 올 수 있도록 과제를 주고 그다음 날 확인했습니다. 다음 날은 제가 단어의 발음을 불러주면 학생이 스펠링을 쓰고 의미를 적는 시험을 치렀습니다.

첫 시험에서 학생은 30여 개의 단어 중 10개 내외의 단어밖에 맞히지 못했습니다. 그래서 '어떻게 하면 단어시험 성적을 높일 수 있을까?'를 고민했습니다. 그래서 채점 방식을 바꿨습니다. 이전에는 스펠링 하나만 틀려도 전체가 틀린 걸로 채점을 했는데, 다음부터는 단어 스펠링 하나가 틀리면 1점씩만 감점했습니다. 이를테면 '베스트셀러 best-seller'를 'bestseler'로 써도 'l' 자 하나만 안 썼기 때문에 1점만 감점했습니다. 그런 과정을 거치니 그 학생은 대부분 시험에서 70점 이상씩을 받았습니다. 그럴 때마다 "너는 노력하면 공부를 잘할 수 있는 아이야. 웬만한 아이들도 너처럼 좋은 성적을 받기는 어려울 거야. 정말 대단한 실력이야."라고 칭찬을 해 주었더니 어느 순간부터 90점 이상씩을 받는 겁니다. "너는 머리도 참 좋은 아이구나. 공부를 잘하는 아이들도 너처럼 90점 이상 받기는 쉽지 않을 텐데. 너는 머리도 좋은 데다가 열심히 공부까지 하니 이 세상에서 못할 일이 없겠구나."라고 얘기했습니다. 그 이후에는 자신감이 쑥쑥 올라가서 더 열심히 공부를 해 왔습니다.

이렇게 영어공부가 끝나면 오은영 박사의 《오늘 하루가 힘겨운 너희들에게》라는 책을 읽게 했습니다. 2쪽 내외의 이야기 한 편씩 읽고 나서 공감하는 부분은 어디인지를 적게 했습니다. 그리고 그 내용을 보고 어떤 생각이 들었는지, 앞으로 어떻게 할 것인지를 물으면서 대화를 이어갔습니다.

이렇게 했다고 해서 그 학생이 크게 변화된 것은 아닙니다. 이 정도의 노력으로 학생이 변화할 수 있다면 교육이 참 쉽지요. 기대할 만한 큰 행동의 변화는 없었지만 이 과정을 거치면서 학생과의 사이는 더 가까워졌습니다. 이후에도 그 학생은 교장실 옆에 있는 보건실에 가면서 수시로 들러 인사도 했습니다. 가끔씩 만나면 조금은 쑥스러워하면서도 반갑게 미소를 보냈습니다. 자신을 믿어 주고, 칭찬해 주고, 장래 성공할 거라는 기대까지 하고 있는 사람이니 기분이 좋았던 모양입니다.

비행을 일삼는 학생이었지만 자기통제력이 부족해서 우발적으로 나온 행동들, 가정에서 훈육을 거치지 못해 습관적으로 나온 행동들이지 본성까지 악한 학생은 아니었습니다. 학생은 오랜 기간 걸쳐서 생겨난 나쁜 습관들을 고치지 못하니 힘들어했습니다. 나쁜 습관을 꼭 고쳐서 다른 학생들처럼 평범한 학교생활을 하고 싶다고 말했습니다. 수년간에 걸쳐 형성된 습관들을 바로 고칠 수 없어서 답답하고 힘들다고 했습니다.

학생들의 비행은 교육과 훈육을 통해 지속적으로 지도해야 서서히 교정됩니다. 그 습관들이 이미 몸에 익어 있기 때문에 자기도 모르게 나오는 말이나 행동입니다. 오랜 시간에 걸쳐 익숙해진 언행들이기에 그만큼의 시간을 들여야 수정될 수 있을 것입니다. 교육은 그런 것입니다. 콩나물에 물을 주면 처음에는 물이 밑으로 다 빠져 버려 아무런 효과가 없는 듯하다가 어느 날부터 생생하게 자라나는 콩나물처럼 학생들의 성장도 그런 것 같습니다. 교사는 학생들과 늘 함께하면서 학생 스스로 변할 수 있는 계기를 만들어 주는 것이지 억지로 학생의 행동을 변화시켜서 바람직한 인간으로 만들 수는 없습니다. 그렇게 할 수도 없고, 그렇게 하려고 하면 오히려 갈등만 쌓이게 됩니다. 학생들을 지그시 바라보면서 느긋하게 교육하는 여유가 교사들에게 필요합니다.

학교에는 칭찬에 배고픈 학생들이 너무 많습니다. 교육학자들은 칭찬을 너무 많이 받은 학생은 칭찬을 하는 사람에게 의존하게 되고, 끊임없이 다른 사람과 비교하고 경쟁하기 때문에 비교육적이라고 말하기도 합니다만, 대부분의 학생들은 칭찬에 굶주려 있는 것이 현실입니다. 가정에서 충분한 보살핌을 받지 못하는 학생들에게 학교에서 하는 작은 칭찬도 자존감을 높여 줍니다. 그리고 그들의 잠재력을 자극하는 놀라운 힘도 있습니다. 그래서 칭찬은 학생들이 꿈을 향해 가는 데 좋은 에너지가 됩니다.

칭찬은 학생들의 영혼에도 따뜻한 햇볕이 됩니다. 또한, 칭찬은 교사들에게 학생들에 대한 긍정적인 시선을 갖게 합니다. 칭찬을 하려면 교사의 마음이 사랑으로 넘쳐나야 하기 때문입니다. 학생에게서 장점을 찾아내려면 꾸준히 긍정적인 시선을 가져야 하기 때문입니다. 교사들도 학창 시절에 칭찬 속에서 성장해 왔듯이 학생들도 칭찬을 받으면 자신을 괜찮은 사람으로 여기며 자존감을 높여 갈 수 있습니다.

칭찬을 많이 하다 보면 교사 스스로에게도 긍정적인 영향을 미칩니다. 좋은 점을 찾아 예쁜 말로 칭찬을 하다보면 마음이 고와지며 스트레스도 사라지게 되는 것을 느끼게 됩니다. 또한, 교사 스스로가 참 괜찮은 사람이라고 생각되기도 합니다. 자신을 괜찮은 선생님으로 여기면 실제로 괜찮은 교사가 되어 갑니다. 괜찮은 사람이라고 믿으니까 괜찮은 말과 행동이 나옵니다. 그리고 그것이 선순환을 이루어 높은 품격을 지닌 교사로 성장합니다.

교육학자들은 칭찬을 잘하기 위해서는 학생의 재능이 아닌 노력을 칭찬해야 한다고 말합니다. 노력을 칭찬하면 결과가 좋지 않아도 좌절하지 않고 더욱 열심히 한다고 합니다. 아울러 결과가 아닌 과정을 칭찬하는 것이 좋다고도 합니다. "잘했어. 훌륭했어. 아주 대단해."라고 칭찬하는 것도 좋지만, "열심히 듣는 너의 마음이 참 예쁘구나. 오늘 실수에도 반성하는 모습이 참 좋구나. 용기를 내서 도전하는 모습이 참 기특하구나. 좋은 말을 하려고 노력하는 모습이 아름답구나. 다른 사람과 함께하며 정성을 다하는 모습이 참 훌륭하구나. 교복을 잘 다려 입으니 품위가 있어 보이는구나. 친구들에게 고운 말을 하는 걸 보니 마음씨도 참 따뜻하겠구나." 등 과정이나 노력을 칭찬하는 효과가 훨씬 크다는 것입니다.

그러나 칭찬을 할 때, 가급적이면 공개적으로 하는 것보다는 개인적으로 할 필요가 있습니다. 누군가를 공개적으로 칭찬하는 것은 칭찬을 받지 못하는 사람에게 수치심을 줄 수도 있기 때문입니다. 학교에서 상을 받는 학생은 기분이 좋을지 몰라도 대부분의 학생들은 같은 노력을 하고서도 상을 받지 못할 수도 있으니 스스로를 자책하며 좌절할지도 모릅니다. 능력의 한계를 절감하며 노력을 포기할 수도 있습니다. 또한, 교사가 공개적으로 학생을 칭찬하면 교사와 학생의 관계가 수직적으로 변할 수도 있습니다. 교사와 학생의 관계가 갑과 을의 관계가 되어 학생들이 교사에게 공개적인 칭찬을 받기 위해 지속적으로 의존하게 될 수 있기 때문입니다. 교사들이 학생을 나무랄 때 공개적으로 질책하면 오히려 반항심이나 적개심만 불러와서 교육적 효과가 없는 것처럼 공개적인 칭찬도 이처럼 역효과를 가져올 수 있습니다. 그래서 요즘은 학생 표창도 교장실에서 수상할 학생들만 불러서 따로 진행하는 경우가 많습니다.

'이응' 예찬

앞에 앉은 어르신에게도
뒤에 서 있는 젊은이에게도
옆에 있는 낯모른 이웃에게도
또르르 먼저 다가와선
반가운 얼굴로 동그란 인사 건네고

아라비아에서 온 친구 0을 꼭 닮아
앞좌석 앉을 땐 조용한 겸손이
뒷좌석에선 야무진 똑순이 되고

말끝에선 '잘했엉 고마웡 미안행'처럼
부드럽고 다정한 세상 만들고

둘이 만나면 팔자 좋은 8이 되고
기분 좋을 땐 살짝 꼬리 올려 6도 만들며
반쪽으로 분리돼도 한 줄로 서서 3이 되고
다른 세상 친구들과도 어울려 하나가 되고
영국에서 온 O와도 글로벌 친구가 되고

누구에게라도 환한 표정으로
내 편 네 편 가리지 않고 보듬어 주어
속울음 삼키는 눈물겨운 삶에서도
둥근 소리로 은근한 힘이 되어주는
이 세상에서 널 만난 건 행운이야

제3장

좋은 수업으로
행복하기

경력교사도 수업이 두렵다

경력교사가 되어 갈수록 수업이 두려워집니다. 아니, 경력이 쌓일수록 수업이 힘겨워집니다. 경력이 많은 만큼 수업을 잘해야 한다는 부담감이 엄습해 옵니다. 더욱이 공개수업이라도 해야 하는 날이면 밤에 잠도 잘 자기 어렵습니다. 젊은 교사들처럼 학생들과 상호작용하기도 쉽지 않고 교육 기자재들을 잘 다루는 것도 어렵습니다. 경력교사답게 후배교사들에게 수업을 통해 뭔가를 보여 주어야 하는데 그럴 자신도 없습니다. 오히려 '너무나 낡은 수업 방식으로 수업을 해서 비난받지 않을까?' 하는 공포마저 밀려오기도 합니다. '교장선생님과 교감선생님은 내 수업을 어떻게 평가할까? 내가 경력교사이니만큼 수업 전반부만 잠깐 보시고 나가 주시는 아량을 베풀어 주실까? 아니야. 눈치 없이 끝까지 앉아 계실지도 몰라.' 등 오만 가지 생각이 들기도 합니다.

이처럼 교직에서 경력이 쌓여도 수업하는 것이 부담스럽습니다. 그리고 경력이 쌓인다고 해서 수업하는 능력도 향상되지는 않는 것 같습니다. 그 이유는 아마도 교사들이 교무업무와 학생생활교육에 힘을 쏟다 보니 학생들을 수업에 잘 참여할 수 있도록 다양한 수업 방식을 적용할 만한 시간적 여유가 없기 때문일 것입니다. 그래서 지금까지 습관적으로 해 왔던 수업을 다른 수업에도 그대로 시행하기 때문일 것입니다. 또한, 교사 스스로 수업을 잘해 보고 싶은 욕구가 있기는 하지만 수업의 질 향상을 위해 함께 공부할 동료 교사가 없어서일 수도 있습니다. 교사들은 각자의 교실에서 수업을 하기 때문에 특별히 노력을 하지 않는 한 자신의 수업을 질적으로 향상시킬 방법을 찾기가 어렵습니다. 다른 교사의 공개수업을 참관할 수 있는 기회는 많지만 수업 공개하느라 고생한 교사에게 덕담을 나누고 박수 몇 번 쳐주는 형식적인 수업나눔으로 인해 수업의 질 향상을 도모하기는 쉽지 않습니다.

좋은 수업을 하기 위해서는 무엇보다도 수업 시간에 학생들을 잘 관찰하는 것이 중요합니다. 그런데 교사들의 현실은 출근하자마자 눈코 뜰 새 없이 바쁩니다. 교사는 감정노동, 육체노동, 지식노동 속에서 살아가야 하기 때문입니다. 학생들을 사랑으로 대해야 하는 것이 옳다는 것은 알고 있지만 순간순간 치밀어오르는 화를 참아내야 하고, 수업을 통해 의미 있는 배움의 시간을 갖고 싶지만 가르쳐야 할 내용들이 너무 많아서 주입식 교육도 할 수밖에 없습니다. 수업을 하면서 학생들이 어떤 대화를 나누고 있는지, 무엇에 관심을 가지고 있는지, 어떻게 상호작용하는지, 어떻게 배우고 무엇 때문에 배우지 못하는지 살필 만한 여유가 전혀 없습니다. 학생들을 잘 알고 나면 그때부터 수업이 달라질 수 있을 텐데 그럴 만한 여유가 없는 것이 너무 아쉬운 현실입니다.

게다가 학교에서 교사의 삶은 각자의 교실로 인해 고립되어 있습니다. 그래서 자신의 교실과 자신의 교과에 갇혀 있어야 합니다. 수업 이후에 시간을 내면 되지 않느냐고 물을 수 있습니다. 그렇지만 수업 이후에도 학생 상담, 공문 처리, 교육계획 수립, 교직원 회의, 각종 의무교육연수 등으로 짬을 낼 수 있는 시간은 없습니다.

수업 내용을 학생들의 수준에 맞추어 재구성하고, 적절한 수업기법을 적용하려면 오랜 시간 고민하는 과정이 있어야 하는데 학교는 교사에게 그런 시간적 여유를 주지 않습니다. 그러다 보니 교사는 스스로 위축됩니다. 동료 교사들의 화려한 수업기법에 놀라고, 다양한 형태의 수업을 참관하면서 오랜 세월 동안 수업 방법을 바꾸지 못한 스스로를 무능력자로 만들어서 절망하게 합니다.

공개수업 참관이
수업 개선에 도움이 될까

중·고등학교에서 공개수업은 각 교과별로 운영되는 경우가 많습니다. 그러나 소규모 학교에서는 같은 교과 선생님이 없습니다. 그리고 공개수업의 목적이 학생들을 잘 가르치는 방법을 공유하자는 것인데 굳이 같은 교과끼리 수업 참관을 할 이유도 없습니다. 학생들이 어떻게 배우는지에 초점을 맞춘다면 공개수업이 교과나 학년에 상관없이 이루어지는 것이 오히려 바람직합니다. 공개수업을 참관하면서 교사와 학생들의 관계는 어떤지, 학생들 간의 관계는 어떠한지, 어떤 활동을 하면서 어떻게 배워 가는지에 관심을 가지면 충분하기 때문입니다. 내 수업 시간에는 열심히 공부하지 않았던 학생들이 다른 선생님 수업 시간에는 어떻게 반응하는지 살피는 것도 의미가 있을 것입니다. 그러면 다른 선생님의 수업을 통해서 내 수업을 성찰하는 계기가 될 수 있습니다. 수업에서 학생들이 어디서, 어떻게 배우는지를 살피는 것도 수업을 참관하는 교사의 시야를 넓힐 수 있습니다.

30대 교사 시절, 도교육청 수업장학요원으로 활동하며 수업명인에 선정된 적이 있습니다. 일반고등학교에 근무할 때 각 학교별로 한 과목씩 지역에 근무하는 교사들을 대상으로 수업을 공개해야 하는 프로 그램이 있었습니다. 그러나 수업공개를 스스로 희망하는 교사가 없어서 학교별로 강제적으로 과목을 배정했습니다. 불행하게도 근무하는 학교에 국어과목이 배정되었습니다. 교사 중에서 가장 나이가 어렸기 때문에 공개수업을 할 교사로 선정된 것은 어쩌면 당연한 일이었습니다. 젊은 교사에게 수업공개는 엄청난 부담이었습니다. 학교 공개수업도 아니고 도교육청 장학사, 교육연수원 교육연구사를 비롯한 지역 고등학교 국어과 교사들이 모두 참관하는 수업이었기 때문입니다. 2학기에 해야 하는 수업공개는 날마다 공포 그 자체였습니다.

그때 마침 도교육청으로부터 수업장학요원을 선발하는 공문이 왔습니다. 수업을 잘할 자신은 없었지만 이 기회에 '수업향상을 위해 다양한 수업기법에 대한 공부나 해 보자.'는 마음으로 신청하여 선정되었습니다. 교육연수원에서 2주간, 61시간의 중등교원 수업장학요원 연수를 받았습니다. 그러나 그 시간만으로는 너무 부족한 느낌이었습니다. 그래서 한국방송통신대학부설종합교원연수원에서 시행한 교실수업 개선을 위한 새로운 교수방법 교원연수 60시간도 이수했습니다. 이 연수는 광주광역시에서 대면교육으로 토요일과 일요일에 운영되는 연수프로그램이었습니다. 그 시대가 1990년대 말쯤이어서 학교에서 연수경비 지원도 없었고, 광주까지 오가는 출장 처리도 하지 못했지만 배우는 기쁨으로 주말 시간을 이용해 편도 두 시간이 넘는 거리를 한 달 넘게 다녔습니다. 이밖에도 지역의 초등학교 공개수업도 참관했습니다. 초등학교 교사들은 중등교사들에 비해 학생들에게 훨씬 친절했고, 수업 시간 중에 어린이들과 상호작용이 잘 이루어졌습니다. 수업기법도 어린이들의 눈높이에 맞게 다양했습니다.

수업 공개를 위해 이렇게 착실히 준비했으나 문제가 있었습니다. 당시에 근무하는 학교는 비평준화 지역이기 때문에 고입선발고사에서 시내에 있는 일반고에 합격할 수준이 못 되는 학생들로 구성되어 있어서 참관자들에게 보여 줄 만한 수업을 전개하기 위해서는 무리가 따를 수밖에 없었습니다. 어쩔 수 없이 공개수업 지도안을 대본으로 삼아 학생들과 수업 공개 이전에 몇 번의 연습과정을 거쳐야 했습니다. 학생들에게 각자의 역할을 주어 그것을 충실히 연습했는지 확인까지 했습니다. 수업이 아니라 연극이었습니다. 이렇게 준비한 수업이기에 공개수업 이후에 찬사가 쏟아졌습니다. 한국방송통신대학부설종합교원연수원에서 배운 새로운 교수방법을 잘 짜깁기해서 수업에 임했으니 당시의 제6차교육과정의 흐름에 아주 딱 들어맞는 연극 같은 좋은 수업을 할 수 있었습니다.

그러나 자신을 속이는 수업을 하고 나서 스스로에게는 부끄러웠습니다. 학생들에게도 미안했습니다. 공개수업은 수업이 아니라 하나의 연극이었기 때문입니다. 교사는 감독이 되고 학생들은 배우가 되어 그 역할대로 연기를 하면서 그것을 수업이라고 속였습니다. 관객들은 그 연극에 감탄하면서 박수를 보냈습니다. 속은 줄도 몰랐을 것입니다. 그러나 그렇게 좋은 수업을 했던 자신부터 앞으로의 일상수업에서 잘 차려진 밥상 같은 수업을 할 자신이 없었습니다. 수업을 준비할 시간도 부족했고, 수업 과정에서도 학생들과 활발하게 상호작용할 능력도 되지 않았습니다.

내가 초청하는 제안공개수업

우리가 경험했던 공개수업은 제가 했던 것처럼 연극 수업일 가능성도 있습니다. 그렇지 않으면 공개수업을 했던 교사가 그러한 수업 방법을 찾아내기 위해 아주 오랜 시간 동안 노력했던 결과물일 수도 있습니다. 그래서 공개수업을 했던 교사에게는 성공한 수업이 될 수 있습니다. 그렇지만 그 수업 그대로를 내가 담당하고 있는 학생에게 그대로 적용하면 실패할 가능성이 더 높습니다. 왜냐하면 내가 수업하는 학생들은 평소에 그런 수업을 접해 본 적이 없어서 너무나 생소한 수업이기 때문입니다. 기본적으로 수업을 받는 학생이 다르고, 그 학급과 우리 학급은 같은 학급이 아니기 때문에 다른 교사의 수업은 내 수업이 될 수가 없는 것입니다.

더욱이 공개수업을 하기 위해서는 수업에 사용할 교수·학습과정안을 작성해야 하는데 공개수업이니만큼 학생활동 중심의 수업을 설계하여 그럴싸한 교수·학습과정안을 만들려고 한다면 며칠간 쉼 없이 고민해야 합니다. 어떤 경우에는 인터넷에서 수업 지도안을 받아 일부 수정하여 사용하려고 해도 내 수업스타일과 맞지 않아 어색합니다. 학교의 교육환경이나 학생들의 수준과 부합하지 않을 수도 있습니다.

그래서 '공개수업도 별도의 교수·학습과정안을 작성하지 않고 운영해 보는 것이 어떨까' 하는 생각을 했습니다. 평상시 하는 수업처럼 있는 그대로를 자연스럽게 공개하는 것입니다. 오히려 날것 그대로의 수업공개가 수업의 질 향상을 위해서 더 바람직할 수도 있습니다. 보여 주는 수업이 아니기에 수업을 위해 특별히 준비하지 않고도 학생들과 상호작용하면서 충분한 배움이 일어날 수 있도록 하는 방법들을 찾아낼 수 있습니다.

이러한 목적으로 생각해 낸 것이 제안공개수업입니다. 이 수업의 기본은 일상적인 수업을 있는 그대로 공개하는 것을 원칙으로 합니다. 따라서 교수·학습과정안을 작성하지 않습니다. 그리고 내 수업에 대해 진솔하게 이야기해 줄 교사를 내가 초청합니다. 교과에 관계없이 나하고 소통이 잘되는 교사를 2, 3명 초청하면 됩니다. 교장이나 교감은 4번의 제안공개수업 중 1번씩만 초청해도 됩니다. 그래야 공개수업에 대한 부담이 없어집니다. 그래야 수업자나 참관자 모두에게서 수업의 질적 변화와 발전을 이루어 낼 수 있습니다. 기존의 공개수업이 새로운 수업기법을 소개하거나 보여 주기식 수업이었다면, 제안공개수업은 교사가 일상의 수업을 더 잘할 수 있도록 고민하는 수업입니다. 수업에 대해 동료들이 한마음으로 같이 고민하고 소통하며 서로 배우는 기회를 만드는 것입니다.

외부의 강요나 압력에 의한 수업은 형식만 갖춘 수업으로 진행될 가능성이 높습니다. 수업을 했다는 실적만 채우는 것으로 끝날 수도 있습니다. 교사의 자발성을 이끌어내기 위한 공개수업은 부담스럽지 않아야 합니다. 어차피 완벽한 수업은 없습니다. 공개수업을 통해 시행착오의 과정을 거치면서 배워 가면 됩니다. 수업의 허점이 드러날수록 그만큼 성장합니다. 중요한 것은 교사 스스로의 의지와 그리고 실천을 위한 노력입니다.

　　지금의 수업은 교사가 어떻게 가르치느냐보다는 학생들이 어떻게 배우느냐에 초점을 맞춥니다. 따라서 수업을 참관하는 교사들은 수업하는 교사를 관찰하는 대신에 학생들을 살핍니다. 교사마다 수업을 보는 눈이 다를 수 있습니다. 제안공개수업은 그동안 고정되고 획일화된 수업 참관 방식에서 벗어나 학생들을 다양한 관점에서 충분히 이해하고 포용할 수 있는 수업 노하우를 공유하자는 목적에서 시작되었습니다. 제안공개수업은 수업을 공개한 교사뿐만 아니라 참관한 교사, 학생들에게 성장의 기회가 됩니다.

　　다른 교사의 수업을 많이 볼 수 있다는 것은 내가 그만큼 더 잘 배울 수 있는 기회가 많다는 말과 같습니다. 교사가 수업을 통해 잘 배우지 않으면 학교의 변화도 일어나지 않습니다. 학교의 중심에 수업이 있기 때문입니다. 일상적인 수업을 자주 공개하다 보면 공개수업에 위축되지 않습니다. 공개수업이 배울 수 있는 기회라는 생각이 들기 때문에 용기가 생겨납니다. 배움을 통해 수업을 더 잘할 수 있다는 기대감에 수업이 즐거워지고 행복해집니다.

학생들 입장에서도 공개수업이 일상화되면 수업에서 모르는 것을 부끄러워하지 않습니다. 오히려 자유롭게 질문하면서 활발한 소통이 이루어집니다. 그래서 학생들이 적극적으로 참여하는 학생 중심의 수업 방법을 찾아갈 수 있습니다.

수업을 참관하는 관점

    수업을 참관할 때마다 교사들은 고민합니다. 수업 나눔 시간에 동료 교사들과 수업에 대해 이야기를 나눌 때 무슨 내용으로 어떻게 말해야 할지 두렵습니다. 자칫하면 수업을 한 교사의 기분을 상하게 할 수도 있기 때문입니다. 그래서 동료 교사들의 수업을 어떤 관점으로 바라봐야 하는지를 표로 정리해 보았습니다. 이 표는 수업하는 교사의 입장에서 수업을 하기 전에 수업 설계를 어떻게 하는 것이 좋은지에 대한 고민도 담아냈습니다. 좋은 수업을 하기 위해서 교사에게 수업 과정 중 어떤 역할들이 필요할까에 대한 내용들입니다. 수업의 최근 흐름을 최대한 반영했습니다.

수업 참관록

공개 일시	2024년 월 일 요일 교시	수 업 자	
수업 장소		수업 교과	
단원 명		차 시	

수업 나눔 과정	참관 관점 및 기록
■ 이번 수업에 적용된 수업모형과 수업 진행 과정에서 배울 점은?	
■ 교사가 수업의 촉진자로서 학생들의 학습 동기를 유발하고, 과제를 수행할 수 있도록 격려한 장면은?	
■ 교사가 수업의 조정자로서 학습시간과 학습 내용을 효과적으로 조절한 장면은?	
■ 교사가 수업의 상담자로서 학생들을 수업에 참여하게 하거나 몰입할 수 있도록 수업 분위기를 조성한 방법은?	
■ 교사가 수업의 통제자로서 수업에 집중하지 않거나 방해하는 행동을 하는 학생들에게 조치한 방법은?	
■ 교사가 수업의 평가자로서 기초·기본 학력 정착을 위해 핵심 내용을 효율적으로 습득할 수 있도록 조치한 방법은?	
■ 교사가 수업의 관찰자로서 학생들의 학습과정에서 일어나는 오류와 습관을 관찰하면서 적절하게 조언한 장면은?	
■ 교사기 천천히 배우는 학색 또는 더 배우고 싶은 학생들을 위해 배려하거나 고민한 장면은?	
■ 수업을 참관한 후 가장 공감이 돼 참관자로서 본받고 싶은 수업 장면은?	
■ 수업한 교사에게 교수·학습 방법이나 수업 중 학생 지도 방법에 대해 조언해 주거나 질문하고 싶은 내용은?	

수업전문가는 없다

교직이 아닌 다른 직종에 근무하는 사람들은 그 분야에서는 5년만 같은 일을 계속하면 전문가라는 말을 듣습니다. 그리고 그 일에 대해서 긍지와 자부심을 느낍니다. 이른바 10,000시간의 법칙이 적용된 것이지요. 하루에 3시간씩 10년만 하면 10,000시간이 됩니다. 6시간씩 일하면 5년이면 10,000시간이 되겠지요. 그렇게 10,000시간만 노력하면 그 분야 최고의 전문가가 된다는 이론입니다. 박세리가 그랬고, 김연아, 손흥민, 박지성도 그랬습니다. 그러나 교사들은 20년을 가르쳐도, 30년을 학생들 앞에 섰어도 자신이 수업전문가라는 말을 하지 않습니다. 매년 하는 수업이지만 수업에 자신감을 가질 수 없습니다. 그래서 내 수업에 누가 참관하는 것이 부담스럽습니다. 그렇다고 교사가 스스로 생활교육 전문가라고도 말하지 않습니다. 인간교육이 그만큼 어렵다는 반증입니다.

그 이유를 곰곰이 생각해 보니 첫째는 교사가 할 일이 너무 많다는 것입니다. 교직은 차분하게 한 가지 일만 할 수 있는 자리가 아닙니다. 어른으로서 학생들의 모범이 되어야 하는 것도 큰 스트레스인데, 출근하자마자 할 일이 쏟아집니다. 여기에 학부모 민원까지 겹치면 죽을 지경입니다. 책임감과 헌신성이 강한 교사들이 감정억압과 감정노동으로 인해 교사의 약 40%가 번아웃 증후군으로 정신 건강이 위험한 상태라고 합니다. 오죽하면 교사가 과로로 쓰러지기 직전에, 미쳐서 돌아가시기 직전에 방학이 찾아온다고 하겠습니까? 교사에게 방학마저 없다면 우리나라 교사들은 아마도 정신병자가 될지도 모를 일입니다.

또 하나의 이유는 어제의 학생이 오늘의 학생이 아니고, 오늘의 학생이 내일의 학생이 아니기 때문입니다. 학생들은 날마다, 해마다 변합니다. 최근에는 그 변화 속도가 예전에 비해 훨씬 빨라졌습니다. 교사들이 학생들의 변화 속도에 맞춰 교육 방법, 눈높이도 달라져야 하는데 말이 쉽지 현실적으로는 그렇게 되기가 어렵습니다. 아니, 그렇게 변화할 만한 마음이 여유가 없습니다. 특히 문제를 일으키는 몇몇의 학생들에게 시달리다 보면 전체 학생들에게 마음 줄 공간이 사라지고 맙니다.

그러함에도 불구하고 어떤 학부모는 학교에 근무하는 교사들이 학원 강사보다 더 못 가르친다고 난리를 칩니다. 공교육을 믿지 못하기 때문에 사교육비가 낳이 들어간다고 하소연합니다. 그러나 이런 것은 어불성설입니다. 오로지 대학입시에 초점을 맞추어 성적을 올리는 방법만 가르치는 학원 수업과 인성, 지성, 감성의 조화를 이루는 전인 교육에 집중하며 전인적 인간을 기르는 학교교육의 근본적인 역할 차이를 인식하지 못하기 때문입니다. 공교육은 대한민국 민주시민으로 살아갈 학생들의 기초교육을 담당하고 있고 학교교육을 통해 미래사회에 잘 적응할 수 있는 사회화과정을 책임지고 있습니다.

학원 강사는 공부하려고 모인 학원생들을 대상으로 수업만 잘하면 됩니다. 그것도 많은 비용을 지불하고 제 발로 찾아오는 학원생들입니다. 학원 강사는 자식의 학업이 교육이라고 생각하는 학부모의 전폭적인 지지를 받습니다. 약간의 체벌도 수용합니다. 또한 학원 강사의 지시에 잘 따르지 않는 학원생은 강사가 내쫓을 수도 있습니다. 오로지 교재 연구에만 매진하여 잘 가르치기만 하면 되기 때문에 그렇게 어려운 일이 아닙니다. 학원교육은 원칙과 개념보다는 시험을 잘 보는 전략을 집중적으로 연구합니다. 그래서 어떻게 하면, 어떤 요령으로 문제를 더 잘 풀 수 있을까에 몰입하기 때문에 학교교육에 비해 점수를 더 높일 수 있는 것이 사실입니다. 그래서 시험을 잘 보기 위해 학생들은 학원에 다니고 학교시험은 물론 수학능력시험까지 사교육의 영향을 받지 않을 수 없습니다.

만약, 교원 임용고시에 합격한 현직 교사들에게도 지식 교육에만 올인하게 하는 조건이 주어진다면, 그래서 공부를 안 하는 학생들을 학교 밖으로 내쫓을 수 있는 권한이 주어진다면 학원 강사를 훨씬 뛰어넘을 것입니다. 그야말로 수업의 달인이 여기저기서 탄생할 것입니다. 교사는 공부하기 싫어하는 일반 학생들을 대상으로 수업을 해야 합니다. 학부모들은 학교교육이 의무교육이기 때문에 별도의 비용을 지불하지 않습니다. 그래서 학생과 학부모는 학교교육을 소홀히 합니다. 학교에서 학원 숙제를 할지언정 학원에서 학교 숙제를 하지는 않습니다. 학교에서 과제를 제시하면 대부분 무시합니다. 숙제를 해 오지 않아도 제재할 방법도 없습니다. 초·중학교는 의무교육이기 때문에 학교 다니기를 싫어하는 학생들도 퇴학 처리가 불가능합니다. 부모의 강요에 의해 어쩔 수 없이 학교에 나오는 아이들도 많습니다. 그래서 교사들이 웬만큼 노력해서는 학생들의 마음을 얻기가 쉽지 않은 것이 현실입니다.

그래서 교사들은 늘 불안합니다. 현재의 교육시스템으로는 완전한 교사가 될 수 없기 때문입니다. OECD 국가 중 교사 되기가 가장 어려운 국가가 우리나라입니다. 그렇지만 이러한 시스템 때문에 교사가 된 것을 가장 후회하는 국가 1위도 우리나라가 차지하고 있습니다. 그래서 학생들뿐만 아니라 교사들도 학교 가기가 두렵습니다. 성적으로만 학생과 교사의 존재 가치를 평가하는 사회적 경향 때문입니다.

그렇다고 학교 수업이 학원 수업화되는 현상은 바람직스럽지 않습니다. 학교에서 수업 시간에 잠자는 학생들을 줄이려고 노력해도 잘 되지 않습니다. 학습된 무력감으로 인해 모든 것을 포기한 학생들이 많기 때문입니다. 곰곰이 생각해 보면 공부를 못하는 학생은 학습 내용을 이해하지 못하기 때문에 수업 시간이 지옥이나 마찬가지로 고통일 수 있습니다. 그런 학생이 수업에 빠지지 않고 참여해서 잠이라도 자는 것에 교사들은 고마워해 줄 지경입니다. 반면에 공부를 잘하는 학생도 공부하기 위해서 학교에 오지는 않는 것 같습니다. 학교에서는 선행학습을 할 수 없지만 학원에서는 선행학습이 가능하기 때문입니다. 공부를 잘하는 학생들은 이미 수업 시간에 배울 내용을 학원에서 공부했기 때문에 수업에 집중할 이유가 사라졌습니다. 서울 강남 등에서는 명문대학이나 의대를 진학하기 위해 최소한 5년 선행학습을 해야 한다고 하니 지적 분야에서는 공교육이 비집고 들어갈 틈이 없습니다. 그래서 학교에서는 공부를 잘하는 학생이나 못하는 학생이나 수업에 집중할 이유가 없습니다.

그래서 교사는 수업을 준비할 때는 모든 학생들이 학습할 의지가 없다는 것을 전제로 출발해야 합니다. 그래야 수업에 실패하지 않습니다. 학습 의지가 낮은 학생들도 참여할 수 있는 수업을 준비하면 전체 학생들의 학습 참여율을 높일 수 있습니다. 학생들이 참여할 수 있는 수업을 위해서는 '어떻게 하면 학생들이 재미있어할까, 어떻게 하면 수업에 즐겁게 참여할 수 있도록 할까, 수업의 핵심 내용을 어떻게 잘 전달할까, 수업 내용과 실생활과 어떻게 연계시킬까' 등에 대해 고민을 거듭해야 합니다. 아울러 교사는 수업을 즐거운 놀이로, 교실을 즐거운 배움의 장소로 만들어가는 노력이 필요합니다. 교사의 교재 연구는 교사가 학습내용을 몰라서가 아니라 학생의 수준에 가장 적합한 수업을 하기 위한 방법을 찾는 것입니다. 학생들이 가장 알기 쉽도록 설명하고, 학생들이 주체적으로 활동을 하면서 참여할 수 있는 수업을 구상해야 합니다.

간편하게 작성하는 교수·학습과정안

앞에서 공개수업은 가급적 교수·학습과정안을 작성하지 않고 일상의 수업을 공개하는 것이 바람직하다고 했습니다. 실제 수업에 활용하기 위한 수업안이라기보다는 수업 참관자들에게 잘 보이기 위해 작성하는 것이어서 우선 시간이 오래 걸리기 때문입니다. 짧게는 한 주에서 많게는 한 달 가까운 시간이 소요되기도 합니다. 그렇게 정성을 들여서 작성한 교수·학습과정안은 일회용일 가능성도 높습니다. 실제 수업에서는 매시간 그렇게 치밀한 계획하에 수업을 실행하기에는 너무나도 많은 에너지가 소비되기 때문입니다. 다시 말해 공개수업 교수·학습과정안은 실용적이지 못합니다. 모든 학생들이 수업에 적극적으로 참여한다는 가정하에 작성한 가장 이상적인 수업안이기 때문입니다.

그러나 학교에 따라서는 공개수업을 할 때마다 교수·학습과정안을 제출을 요구하기도 합니다. 그렇다면 교사가 에너지를 크게 소비하지 않고도 교수·학습과정안을 효율적으로 작성할 수 있는지를 고민해 봐야 하겠습니다.

교수·학습과정안은 수업자가 좋은 수업을 하기 위해 수업의 전 과정을 설계해 보는 것입니다. 수업의 의도는 무엇인가, 학습목표를 어떻게 잡을 것인가, 수업의 흐름을 어떻게 전개할 것인가, 그리고 무엇을 어떻게 가르칠 것인가에 대한 설계도라고 볼 수 있습니다.

특히, 공개수업은 참관자가 있으므로 그들에게 '내가 이번 수업을 무슨 내용을 가지고 어떻게 전개할 것인가'를 알려 주는 것입니다. 그러기에 수업 참관자에게 당부하는 말을 덧붙여도 좋겠습니다.

공개수업은 수업하는 교사가 수업을 잘하느냐, 못하느냐를 지켜보는 것이 아닙니다. 그 수업을 통해서 참관자가 무엇을 느꼈고 무엇을 배웠는지가 더 중요합니다.

교사가 학생을 가르치는 교수법보다는 학생들의 관점에서 수업을 보는 것이 좋습니다. 학생들이 무엇을 배웠는지, 어떻게 배웠는지에 중점을 두고 참관하면 더 의미가 있습니다. 수업 나눔을 통해 학생들의 배움이 어디에서 일어나고 있었는지, 어디에서 잘 배우지 못하는지를 중심으로 이야기하는 것이 바람직합니다.

좋은 수업을 위한 교수·학습과정안 양식을 소개하고자 합니다. 이 양식은 가급적 2쪽 이내로 작성하는 것을 권장합니다. 교사가 교수·학습과정안 작성에 소요되는 시간을 최소화하고자 하기 위한 목적입니다. 여수중학교에 재직했던 국어과 김정옥 선생님의 좋은 수업 교수·학습과정안을 수업의 흐름에 초점을 맞추어 살펴보시면 좋겠습니다.

2022. (국어) 좋은 수업 교수·학습과정안

일시	2022.9.28. (수) 1교시	장소	2학년 2반 교실	수업 교사	○○○
단원	2. (1) 담화의 개념과 특성(3/6차시)			대상	2학년 2반 학생
참관 및 수업 나눔	○○○(교장), ○○○(도덕), ○○○(국어), ○○○(기술·가정)				
수업 모형	협동학습, 발표학습(학생주도, 교사 부분참여)				

1. 수업 의도

듣기·말하기 수업을 재미있으면서도 자연스럽게 내면화할 수 있는 방법에는 어떤 게 있을까? 학생들이 담화의 개념과 특성의 이론을 이해하는 데에는 어렵지 않다고 생각한다. 하지만 이를 실생활에 적용하여 이해할 수 있도록 하는 데까지는 어려움이 있다. 따라서 이전 차시 수업에서 학습한 담화의 개념과 특성의 이론을 실생활에 적용하여 상황 및 대사로 만들어 보고, 모둠별로 역할극을 하며 맞혀 보는 활동을 하고자 한다. 이로써 담화란 무엇이고, 담화의 구성 요소에는 어떤 것이 있는지를 실생활에서도 자연스럽게 떠올리고 내면화할 수 있기를 바란다. 또한 모둠별로 상황과 대사를 만들고 역할극을 하는 과정을 통해 국어과 개정 교육과정의 핵심 역량인 공동체·대인 관계 역량과 창의적 사고 역량을 증진시킬 수 있는 기회가 되었으면 한다.

2. 학습 목표

가. 담화의 개념과 특성을 이해할 수 있다.

나. 담화의 개념과 특성을 살려 역할극을 할 수 있다.

(성취기준: [9국04-07] 담화의 개념과 특성을 이해한다.)

3. 수업의 흐름

〈도입 10분〉 이전 시간에 학습한 담화의 개념과 특성 복습하기(개인 활동)

1. 담화의 개념과 특성 PPT 복습하기

2. 교과서 자료를 통해 담화의 구성 요소 알아보기

〈전개 30분〉 역할극을 통해 담화의 개념과 구성 요소 이해하기(모둠 활동)

○ 이전 차시에서 작성한 역할극 대본을 활용하여 모둠별로 역할극을 진행한다.

○ 역할극을 진행하는 동안 다른 모둠은 역할극 속 담화의 구성 요소를 맞힌다. (모둠원과 소통을 통해 역할극 속 담화의 구성 요소를 맞히며, 문제해결역량과 의사소통 능력을 기른다. 또한 서로의 의견을 존중하고 배려할 줄 아는 공동체 의식을 함양한다.)

○ 역할극이 끝난 후 모둠별로 작성한 담화의 구성 요소를 확인한다. (담화의 구성 요소를 확인할 때, 듣는 학생들은 경청하고 공감하는 태도를 기를 수 있도록 한다.)

〈정리 5분〉역할극과 담화의 구성 요소 맞히기 활동을 통해 깨닫게 된 점 발표하기 (개별 활동)

○ 수업을 통해 깨닫게 된 점 발표하기

○ 실생활 속 대화에서도 담화의 개념과 특성이 존재함을 알고, 찾아보도록 하기

○ 역할극을 한 모둠, 이를 열심히 경청한 모둠 모두 칭찬의 한마디로 서로 격려하기

※ 학생 발표 후 교사가 학습 내용을 요약·정리하고, 필수 학습 내용 함께 암기하기

〈학습 내용 요약〉

1. 발화(發話): 문장 단위로 실현된 말

　　예) "불이야!", "밥 먹었니?"

2. 담화(談話): 구체적인 문맥 속에서 이루어지는 발화

3. 담화의 구성 요소

말하는 이	말하는 사람	
듣는 이	듣는 사람	
발화 내용	주고받는 정보나 느낌·생각	
맥락	상황 맥락	구체적인 시·공간, 담화 상황, 화자와 청자의 관계 등
	사회·문화 맥락	역사적·사회적 상황과 배경, 가치, 세대, 다문화 등

★ 이야기의 흐름이나 의미 해석에 중요한 영향을 미침 ★

참관자에게 당부할 사항	1. 모둠 활동을 하는 취지는 집단 지성의 힘으로 문제를 해결하는 기쁨을 느끼고, 소외되는 학생들 없이 모두가 참여할 수 있는 수업을 만들기 위해서입니다. 따라서 역할극과 담화의 구성 요소 맞히기 활동에서 모둠원들이 모두 활동에 잘 참여하는지, 서로의 의견을 존중하고 경청하는지 함께 바라봐 주시면 감사하겠습니다.
	2. 역할극 중 대사 외우기, 표현의 어색함 등의 어려움이 있을 수 있습니다. 부족한 점이 있더라도 격려해 주시고 예쁘게 바라봐 주시면 좋겠습니다.
	3. 담화의 개념과 구성 요소를 이해하고 내면화할 수 있는 활동에는 어떤 것이 있을까요? 영상 활용하기, 역할극 외에 좋은 아이디어가 있다면 공유해 주세요.

배움의 기쁨을 체험하는 수업

학교교육의 주체는 교사입니다. 학교에서 가장 중요한 사람도 교사입니다. 교장을 비롯한 다른 교직원들은 교사가 좋은 교육을 할 수 있도록 지원하는 사람들입니다. 학교에서 학생들도 중요하지만 이들을 교육할 사람은 교사이기 때문에 학교에서 교사만큼 의미 있는 사람은 없다고 해도 과언이 아닙니다.

교사가 좋은 교육을 하기 위해서는 교사의 질이 높아야 합니다. 끊임없이 연구하여 날로 성장할 수 있어야 합니다. 그래야만 다양한 문제를 안고 있는 학생들이 바르게 성장할 수 있도록 지원할 수 있습니다.

기존의 교육학에서는 객관적인 지식이 존재하고 교사는 지식의 권위자로서 이를 길 전달해야 한다고 믿었습니다. 학생은 마땅히 교사의 가르침을 받아야 할 대상으로 여겼습니다.

그러나 교육은 학생의 바람직한 행동 변화를 지향합니다. 그렇다면 학교 수업은 교사의 가르침보다는 학생의 배움에 중점을 두는 것이 옳습니다. 학생의 역할은 배움의 주체가 되는 것입니다. 교사는 학생들과 함께 배우는 사람이며 학생들의 배움을 안내하는 조력자가 되어야 합니다. 그렇게 하기 위해서는 수업 시간에 교사가 자주 발문을 해서 학생들이 생각하게 만들어야 합니다. 그래야 학생들이 다양한 아이디어와 방법을 찾습니다. 교사의 교재 연구는 '학생들에게 어떤 발문을 할까?'를 고민하는 과정인지도 모릅니다.

우리가 다양한 수업기법을 잘 알고 있다고 해서 곧바로 좋은 수업을 실천할 수는 없습니다. 어떤 학교에서 성공한 수업이라고 하더라도 그대로 적용하기에는 무리가 따르는 수업 방법도 많습니다. 아무리 수업을 잘하는 선생님도 새로운 학생들과의 수업에서는 어려움을 겪습니다. 수업은 지식 전달뿐만 아니라 사람을 대하는 일이기 때문입니다. 학생들은 살아 있는 생명이며, 날마다 변화하기 때문에 좋은 수업을 하기 위해서는 아마도 교사가 평생 동안 노력해야 할 것입니다.

우리 사회는 학교교육도 중요하지만 평생교육이 더 가치 있는 세상이 되었습니다. 그래서 학창 시절에는 배움의 기쁨, 앎의 즐거움을 경험하는 교육을 하는 것이 바람직할 것입니다. 학생에게 공부의 즐거움을 알게 해 주는 것은 교사의 의무이자 역할입니다. '공부를 하면 매일 새로운 것을 알게 되니까 행복하다.'를 깨우칠 수 있도록 해야 합니다. 배우면서 생활한다는 것이 너무 즐겁고, 모르는 것을 알려고 노력하는 것이 재미있어서 행복하다는 것을 몸으로 느낄 수 있도록 해 주는 것이 꼭 필요한 일입니다. 그래야 어른이 되어서도 평생교육을 통해 배움을 지속할 수 있기 때문입니다. 학생들이 학창 시절에 이룬 성취의 경험은 어른이 되었을 때 큰 자산이 됩니다. 학창 시절에 공부가 의미 있고 재미가 있으면 어른이 되어서도 끊임없는 호기심을 가지고 배우는 재미에 푹 빠질 수 있습니다.

백종원에게 배우는 수업 방법

'좋은 수업은 어떤 수업일까?'를 고민하다가 과거 〈골목식당〉 프로그램을 시청했던 기억이 떠올랐습니다. 요리연구가이자 방송인인 백종원의 컨설팅 방법 때문입니다.

백종원은 요리연구가, 요식 사업자, 방송인으로 활동하고 있습니다. 백종원의 아버지는 충청남도 교육감을 지냈고, 두 개의 사립학교 이사장입니다. 백종원은 교육계의 금수저입니다. 아니, 금수저 중의 금수저라서 교육계의 다이아몬드 수저라고 해야 적절한 표현일 수 있습니다. 그러나 대학을 진학해서 성인이 된 백종원은 부모의 도움을 한 번도 받은 적이 없이 성공했습니다.

백종원은 연세대 재학 시절 아르바이트를 시작했습니다. 중고 자동차 딜러로 일하면서 자동차를 잘 팔 수 있는 방법을 연구하면서 그 회사에서 최고의 판매 실적을 올렸습니다. 그리고 치킨집 아르바이트를 하면서 최초로 배달을 시작했고, 서비스로 콜라를 추가하여 최고의 판매 실적을 올리기도 했습니다. 군대에서는 취사병을 지휘했고, 모임에서 야유회를 가면 요리를 전담하는 등 음식 만들기에 취미를 가지고 있었습니다. 방학 때는 여행을 하면서 한국의 맛집 탐방도 했지요.

　이렇게 요리에 관심이 많았던 백종원은 가게를 찾은 손님들의 반응을 살펴보며 꾸준히 연구하고 또 연구를 거듭하며 새로운 음식들을 개발해 냈습니다. 시간이 되는 대로 세계여행을 하면서 세계 여러 나라의 음식을 맛보고 책으로 연구하면서 끊임없이 새로운 요리를 만들어 냈습니다. 그리고 지금은 프랜차이즈 사업을 하고 있고, 방송에서도 가장 활발하게 활동하고 있습니다. 부모의 도움 없이 크게 성공한 사람입니다.

　만약, 백종원이 부모님 말씀을 잘 듣는 모범생이 되어 학교 공부에만 전력했다면 공무원이 되어 최고의 자리에 올랐을 수도 있습니다. 그렇지만 자신이 즐거워하고 재미있어하는 일, 소질이 있는 일을 하지 못해서 지금보다는 훨씬 더 불행했을 것입니다. 자신이 좋아하는 일을 찾아 끝까지 포기하지 않고 도전했던 그의 삶이 학생들에게 좋은 교육자료가 됩니다. 아울러 끊임없는 연구에 의한 요리 지식과 손님들의 반응을 잘 살피고 그들의 눈높이를 맞추려는 겸손함이 교원들의 귀감이 되기도 합니다.

　TV에서 백종원을 볼 때마다 편안함을 느낍니다. 언제 어디서 만나든 부담 없이 접근하여 이야기를 나눌 수 있는 수더분한 사람입니다. 같이 있어도 전혀 부담이 되지 않습니다. 오히려 그와 함께하는 시간이 즐겁습니다. 많은 시간 동안 수다를 떨어도 시간이 짧게만 느껴질 것 같습니다. 백종원처럼 교사들도 학생들에게 편안함을 주는 존재이면 좋겠습니다.

또한, 백종원과 함께하면 성장할 수 있는 기쁨이 있습니다. 사람들은 누구나 성장 욕구가 있습니다. 자신이 더 크게 커 나갈 수만 있다면 가르침을 주는 사람의 모든 말들을 수용합니다. 백종원은 요리 전문가이자 사업에 성공한 사람이어서 식당 사장님들은 백종원에게 코칭을 받는 것만으로도 자신의 사업이 성공할 수 있다고 확신을 하는 것입니다. 그래서 배움에 적극적으로 임하고, 어떠한 질책도 고마운 마음으로 받아들이는 것입니다.

앞서 말씀드린 제안공개수업에서 수업을 할 때마다 매번 저를 초청하는 교사들이 열 분이 넘었습니다. 1년에 한 번만 초청해도 되는데 말입니다. 저는 수업을 참관한 후 제안공개수업을 한 교사와 1:1 수업 코칭을 했습니다. 교사들의 입장에서는 교장이 자신의 수업에 대해서 직접적으로 코칭하는 것이 부담스러울 수 있었을 것입니다. 그러나 교사들은 코칭 과정에서 스스로 깨닫지 못했던 수업의 장점과 단점을 파악하고 그 해결 방법을 찾아가면서 행복해했습니다. 수업이 잘 안 되는 부분에 대해 질문을 하기도 하고, 수업을 더 잘할 수 있는 방법에 대해 코칭을 부탁하기도 했습니다. 식당 사장님들도 마찬가지였을 것입니다. 생존권이 달려 있는 요식업에서 성공하려는 의지가 강했기 때문에 백종원의 코칭에 적극적으로 임했을 것입니다.

백종원은 〈골목식당〉 프로그램을 운영하면서도 식당 사장님들에게 '그렇게 해서는 안 된다.'는 말보다는 그들이 스스로 좋은 요리를 시도해 보면서 깨달을 수 있도록 코칭했습니다. 그리고 요리할 때 한 가지 방법만을 강요하지도 않았습니다. 이것저것 연구하면서 실패할 수 있는 자유를 주었습니다. 과거 요리 프로그램에서는 요리 전문가들은 자신이 만든 조리 레시피를 제시했습니다. 그리고 그 레시피에 따라 소금 몇 스푼, 간장 몇 스푼을 넣어야 한다는 등 요리하는 방법을 하나하나 시범으로 보여 주었습니다. 마치 요리에 정답이 있는 것처럼 철저한 주입식 교육 그대로를 실천했습니다.

그러나 백종원은 식당 사장님들에게 코칭을 할 때 핵심 내용에 대해서만 간단하게 설명합니다. 궁금한 점을 질문하게 만들었습니다. 그런 후에 식당 사장님에게 스스로 요리를 해 볼 수 있는 기회를 주었습니다. 스스로 음식을 만들어 보면서 자신만의 특색 있는 메뉴를 개발하는 방법을 찾아내게 했습니다. 오래 기다려 주고 조금만 잘해도 칭찬해 주고 격려해 주었습니다. 이러한 백종원식 코칭 방법은 그대로 수업하는 방법에 적용될 수 있습니다. 수업시간에 학생 스스로 도전해 볼 수 있도록 많은 기회를 주는 것입니다. 학생들에게 할 수 있다는 용기를 심어 주는 것입니다. 칭찬해 주고 인정해 주며 앞으로 크게 더 성장할 수 있다고 용기를 주는 것입니다.

백종원

금수저로 태어났어도
비단길 걷지 않고
가파르고 험한 산길 찾아
부모 품 떠난 사람아

중고차 딜러로
치킨집 아르바이트생으로
밑바닥 인생도 즐기면서
삶의 지혜 깨우친 사람아

꿈이 있었기에
사업 실패 터널에서도
이 악물고 찬바람 막아내며
쉼도 없이 달려온 사람아

화려하지만 겸손하게
똑똑하지만 바보같이
낮은 곳 사람들 벗이 되어
계단 함께 오르는 사람아

기본적인 수업 방법들

　교사들은 학생들을 잠에서 깨워 수업에 몰입할 수 있게 하는 방법들에 대해 늘 고민합니다. 학생들의 눈동자가 반짝반짝 빛나는 수업이 되기를 소망합니다. 그렇게 하기 위해서는 교사가 기본적인 수업 방법들을 잘 준수하는 데서 출발해야 한다고 생각합니다.

　첫째, 존중받는 학생들이 수업에 잘 참여합니다. 학생들을 존중하기 위한 기본은 경어의 사용입니다. 중·고등학교 신규교사들은 교사 임용 전에 학원에서 강의한 경력이 있어서인지 수업을 할 때, "애들아, 여기 봐라. 수업 내용을 알아듣겠어? 너희들이 수업에 집중해야 하는 이유가 뭐야? 발표할 사람 손 들어 봐." 등의 평어를 사용하는 경우가 많습니다.

　그런데 교사들이 알아야 할 것은 '전체를 대상으로 이야기할 때는 반드시 경어를 사용해야 한다.'는 것입니다. 사소한 것 같지만 이것은 매우 중요합니다. 교사가 경어의 시범을 보여야만 학생들도 여러 사람 앞에서 발표할 때 경어를 씁니다. 경어는 존중하는 마음에서 비롯됩니다. 내 말을 들어주는 사람을 존중하는 것은 사회생활의 기본입니다. 물론 수업 중이라고 하더라도 학생을 개별 지명할 때나 개인과 이야기할 때는 평어를 쓰는 것이 오히려 자연스럽습니다. 말 높임 문화가 있는 우리나라에서 평어는 친근함의 척도이기 때문입니다. 조벽 교수는 나이가 많은 사람한테 경어를 써야 하는 것이 우리 문화라고 하면서 "학생들이 둘이나 셋 이상 모이면 교사보다 나이가 많아지기 때문에 경어를 쓰는 것이 원칙이다."라고 말했습니다.

둘째, 수업 시간에 가급적 교사의 말을 줄이고 학생들에게 말할 기회를 많이 주면 수업에 잘 참여합니다. 교재연구를 통해 효과적인 발문을 많이 만들어 오면 학생 참여 수업이 활발하게 이루어질 수 있습니다. 학생들에게 말하게 하면 학생들은 말하기 위해 생각을 합니다. 생각하면서 깊이 있는 공부가 이루어지고 덩달아 자기 주도적인 학습도 이루어집니다.

만약, 교사가 수업 시간 내내 말을 한다면 이것은 학생들에게 돌아가야 할 학습 기회를 교사가 독점하는 것이 됩니다. 그러면 수동적인 학습이 이루어지고 수업을 지루하게 생각하여 졸거나 아예 잠을 자는 학생도 발생할 수 있습니다. 그래서 교사가 최대한 말을 줄이고 학생들이 말할 수 있게 하는 수업이 좋은 수업입니다. 할 수 있다면 교사는 전체 수업 시간의 1/3 이하로 말하는 연습을 하는 것이 좋겠습니다.

셋째, 개념을 말하거나 수업 내용을 정리하는 시간에 학생들이 학습한 내용을 자기가 이해한 언어로 말하게 하는 것도 중요합니다. 자기가 이해한 것을 말로 표현할 수 있으면 제대로 공부한 것입니다. 메타

인지에서는 아는 것과 모르는 것을 분명하게 아는 것을 학습이 되었다고 합니다. 학습한 내용을 자신이 이해한 언어로, 자기식의 표현 방법으로 말할 수 있으면 제대로 된 학습이 이루어진 것입니다.

기존 수업 방식에서는 교사가 중요 핵심 내용을 요약하여 설명했습니다. 중요한 내용을 하나도 빠뜨리지 않고 가르치는 것이 잘 가르치는 것으로 인정받았습니다. 지금도 여전히 핵심 내용이나 개념을 중심으로 가장 기본적인 내용을 분명하게 가르치는 것이 중요합니다. 그러나 많은 것을 가르치려고 하는 것보다는 '어떻게 하면 적게 가르칠까, 어떻게 하면 쉽게 가르칠까'를 고민하면서 학습용어의 개념을 확실하게 인지시키는 것이 더 필요합니다.

학생들이 책이나 자료를 읽고 그 내용을 자기 말로 표현하게 해야 수업의 변화를 가져올 수 있습니다. 서툴더라도 학생들이 이해하고 느낀 만큼을 자기 언어로 표현하는 연습을 해야 합니다. 이런 수업이 지속되면 학생들은 교과서나 자료를 보다 집중해서 읽게 되고 깊이 있는 사고도 할 수 있습니다.

넷째, 학생들 개개인의 특성과 수준에 적합한 발문을 준비하는 것도 중요합니다. 수업 중에 어느 지점에서 누구에게 어떻게 발문하여 수업으로 끌어당길지를 고민해야 합니다. 수업에 적극적으로 참여하는 학생은 성격 또한, 적극적이며 공부도 잘합니다. 반면에 내성적인 학생들은 소극적입니다. 발표하는 것을 두려워합니다. 수업 시간에 교사와 눈을 마주치려고 하지 않습니다. 눈이 마주치면 발표를 해야 하기 때문입니다. 이런 학생들이 발표를 했을 때는 교사가 더 응원하고 격려하는 말을 꼭 해 주어서 용기를 갖게 해 주어야 합니다. 수업에 잘 참여하지 않고 머뭇거리는 학생들도 적절하게 격려하면서 그들을 수업 안으로 끌어들이는 것이 살아 있는 수업의 비결입니다.

우리나라 교사들은 매우 훌륭합니다. 그러나 가장 못하는 것 중 하나가 학생들의 대답을 기다려 주는 것입니다. 한정된 수업 시간 안에서 가르쳐야 할 내용들이 너무 많아 학생들의 답변을 기다릴 여유가 없습니다. 그래서 학생들이 대답을 하지 못하거나 머뭇거리면 곧바로 정답을 제시해 주거나 다른 학생에게 대답할 기회를 줍니다. 그래서 수업에서 소외되는 학생이 많아집니다. 대답을 재촉하지 않는 수업, 최소한 3~5초 이상은 기다려 주어야 학생들의 수업 참여가 높아지는 것입니다.

만약, 교사의 발문에 학생이 정답을 제시하지 못할 때는 정답이 될 만한 작은 단서 같은 것을 알려 주는 것도 하나의 방법입니다. 다른 학생들에게 적절한 힌트를 주게 하는 방법도 있습니다. 그러면 학생 스스로 정답을 찾으려고 노력하면서 수업에 몰입할 수 있습니다. 만약, 끝까지 대답을 하지 못한다면 다른 학생에게 대신 대답할 수 있는 기회를 주고 나서 그 학생이 대답한 내용을 자신이 이해한 언어로 다시 정리하여 대답하게 하면 됩니다.

이렇게 수업 시간에 성공의 경험을 갖게 하면 많은 학생들이 수업의 주인공이 됩니다. 특별히 잘할 수 있는 게 없다고 생각하는 학생들의 수업 동기를 강화시킬 수도 있습니다. 무언가를 잘했을 때 느끼는 즐거운 경험이 학습된 무기력을 막아내는 지름길입니다.

다섯째, 학생 중심 수업은 참 어렵습니다. 학생들이 참여하려고 하지 않기 때문입니다. '어떻게 하면 학생들이 수업에 잘 참여할 수 있을까'를 고민해도 적절한 답이 떠오르지 않아 난감합니다. 그래서 학생들이 수업에 주도적으로 참여할 수 있는 방법을 수업 단계별로 살펴보겠습니다.

도입 단계에서는 오늘 학습할 내용에 대해 자연스럽게 이야기하는 것이 좋습니다. 현실과 연관된 학습 내용이나 TV 시청 내용, 학생들의 일상과 관련된 내용을 수업 주제와 연결시킵니다.

전개 단계에서 학습할 주요 개념이나 내용을 판서나 PPT를 활용해서 쉽게 설명합니다. 핵심 개념을 설명할 때는 한자를 활용하는 것이 학생들의 이해를 돕는 데 효과적입니다. 이후 교사가 설명한 주요 개념이나 원리를 학생들이 스스로 연습하게 하는 과정을 거칩니다. 학습지 등을 통해 개념을 충분히 습득할 수 있도록 연습하게 합니다. 다음 단계에서는 학생들이 연습한 내용을 일상생활에서 활용할 수 있도록 합니다. 모둠활동이나 간단한 토론 활동, 상황극 등으로 학생들이 활동할 수 있는 시간을 주면 좋습니다.

정리 단계에서는 교사가 형성평가 형식으로 학생들에게 간단한 발문을 하고 응답을 듣습니다. 학습 내용 중 주요 개념을 재강조하면서 정리하면 수업이 원만하게 진행될 수 있다고 봅니다.

여기서 주의할 것이 하나 있습니다. 활동 중심 수업을 하고 나면 학생들은 수업 내용보다는 자신이 했던 활동만을 기억하는 경우가 있습니다. 학습 내용에 대한 이해가 제대로 이루어지지 않은 수업이 된 것입니다. 학생활동은 분명히 있었으나 배움이 일어나지 않은 수업입니다. 따라서 학생들의 활동이 배움을 방해하지 않도록 적절한 선을 정해야 합니다. 수업 시간에 도달해야 할 학습목표를 늘 기억하면서 필요한 핵심 개념을 분명하게 학습할 수 있도록 하는 방안을 강구하면 좋겠습니다. 활동 중심 수업 후에는 학생들에게 무엇을 배웠는지, 무엇을 깨달았는지를 자기가 이해한 언어로 발표할 수 있다면 수업의 효과가 극대화할 수 있을 것입니다.

여섯째, 학습시간을 15분 이내로 하여 변화를 주는 것도 수업에 몰입하게 하는 방법입니다. 농구에서는 쿼터 단위로 경기를 합니다. 야구도 9회까지 9단계, 세밀하게는 18단계로 나누어 게임을 진행합니다. 아무리 재미있는 스포츠 경기도 15분을 전후로 끊어 가는 이유가 있습니다. 관중들이 스포츠에 집중할 수 있도록 하기 위해서입니다. 인간이 최대로 집중할 수 있는 시간은 15분에 불과하다는 연구결과도 있습니다. 따라서 수업도 최소한 15분 단위로 변화를 주어야 수업집중도가 높아질 것입니다. 학생들이 학습에 집중할 수 있는 시간은 아무리 길어도 약 15분 정도입니다. 그것도 고등학생 기준이고, 중학생은 채 10분을 넘기지 못합니다. 초등학생은 5분 전후가 될 것입니다. 15분 동안 같은 방식의 수업을 진행한다면 아무리 좋은 수업 방법도 수업에 참여하는 학생 비율을 현저히 떨어뜨릴 것입니다.

《트랜드코리아 2024》에 의하면 일상생활에서 인간의 주의력이 스마트폰이 등장하기 전인 2000년에는 12초였는데 현재는 8초로 떨어졌다고 합니다. 빨리빨리 문화에 익숙한 한국 사람들이 늘 바쁘기 때문에 분초(分秒)사회를 살아야만 하기 때문일 것입니다.

수업을 잘하는 교사는 최소 15분마다 학습문제나 수업 방법을 바꿉니다. 여기에 더해 학생들의 마음을 끌어당기는 학습 내용의 재미를 추구합니다. 뿐만이 아니라 목소리 크기, 말하는 속도, 목소리의 변화, 제스처, 표정까지도 적절합니다. 학생들이 지루해하면 그것을 민감하게 알아채고 적절한 수업의 변화를 가져옵니다.

일곱째, 교사의 판서와 학생의 필기는 학습한 내용을 오래 기억하게 하는 데 효과적입니다. 복습할 때 매우 효율적입니다. 영상매체의 발달로 인해 최근 수업은 화면을 보면서 진행되는 경우가 많습니다. 이런 수업은 학습할 내용을 효율적으로 전달할 수 있습니다. 그러나 파워포인트 등은 시각적 효과, 액센트 효과로 주의력을 끌지만 처음 한두 번 할 때 효과가 있을 뿐 너무 많은 자주 사용하면 쉽게 물립니다. 그리고 일정 시간이 지나고 나면 공부했던 내용을 기억해내는 데에 한계가 있습니다. 재미있는 영화나 드라마도 시간이 지나면 그 기억이 희미해지는데, 교과 공부의 내용이 오랫동안 지속되기는 더욱 힘들 것입니다.

공부를 잘하는 학생들은 "필기는 내가 잘 모르는 부분과 꼭 알아둬야 할 부분만을 골라 정리하기 때문에 '맞춤식 공부'를 할 수 있다, 선생님이 수업 중 말씀하신 내용은 잡담이라도 다 받아 적으면 시험문제를 풀 때 관련 내용이 연상된다, 필기한 내용을 보면 수업을 다시 한번 듣는 효과가 있다, 필기를 하면서 자연스럽게 머릿속에 정리된다, 수업 내용을 나만의 언어로 재구성해 적는다." 등 필기의 효과에 대해 이야기합니다.

그래서 수업 시간에 이루어지는 판서와 필기의 중요성을 놓쳐서는 안 됩니다. 교사는 판서를 할 때, 정자로 바르게 쓰고 수업이 끝날 때까지 지우지 않는 것을 원칙으로 하는 것이 좋습니다. 중요한 내용은 빨간색 등을 이용하는 등 적절하게 색분필을 활용하는 것도 학습의 효과를 높입니다. 그리고 교사가 판서한 내용은 학생들에게도 반드시 기록하게 해야 합니다. 기록했는지의 여부도 확인하면 더욱 좋습니다. 요즘 학생들은 노트가 없기 때문에 교과서에 밑줄을 긋거나 선생님이 판서한 내용을 교과서에 기록하는 것만으로도 학습효과는 증진될 수 있습니다. 필기는 이후 중간고사나 기말고사를 앞두고 자기 주도적으로 복습하는 데에도 매우 효과를 발휘할 것입니다.

여덟째, 수업 준비에서 학습할 내용에 대한 재구성이 중요합니다. 교사 중심 수업에서는 무엇을 가르칠 것인가에 초점을 맞추었습니다. 그러나 좋은 수업은 교사가 학생들에게 수업을 잘 안내하고 지휘하는 것이 필수적입니다. 학생 중심의 수업이라고 해도 그 주도권은 반드시 교사가 가지고 있어야 합니다. 학생이 배우는 수업에서는 시간이 많이 소요되므로 반드시 교과 내용을 재구성해야 합니다. 중요하지 않은 수업의 곁가지를 모두 쳐 내고 뿌리와 기둥이 되는 내용을 추출해야 합니다. 그래야 핵심 개념과 내용을 정확하게 배울 수 있습니다. 그리고 현실적이고, 도전적인 과제를 제시해서 공부에 관심이 없거나 흥미를 느끼지 못하는 학생들도 배움의 광장으로 모여들 수 있게 해야 합니다. 학교 수업은 교사만의 것이 아닙니다. 그렇다고 학생만의 것도 아닙니다. 교사와 학생이 함께 어울리고 협력하며 그려 나가는 큰 그림입니다.

토론수업으로 설득당하기

우리 사회는 정치지도자들의 소통이 화두가 되고 있습니다. 국민들은 정치인들이 한 발자국도 걸을 수 없을 정도로 팍팍한 자신들의 삶을 이해하지도 못하고, 그들의 이야기를 들어주지도 않아서 참 힘들다고 합니다. '우리들의 문제는 현장에 답이 있다'라는 구호를 앞세워 '우문현답' 정치를 실현한다는 정치지도자들도 삶의 현장에서 국민들의 말을 듣기보다는 많은 말들을 쏟아댑니다. 정치인들의 말들은 국민들에게 장밋빛 환상을 심어주어 그 말대로 실현된다면 우리나라가 금방 좋아질 것 같은 착각에 빠지기도 합니다.

이러한 문제의 근원은 학교교육에 있다고 생각합니다. 학교교육에서 제대로 된 민주시민 교육이 없었고, 그것을 실천해 볼 기회도 가지지 못했습니다. 대화를 통해 합의를 이끌어 내야 할 토론수업에서도 상대방을 이기는 데 집중했습니다. 토론수업에서는 항상 승자와 패자가 있었습니다. 승자는 환호하고 패자는 눈물을 흘리는 경험을 했습니다. 그러나 학교는 서로의 이야기를 잘 들으며 협력해 가는 민주시민 활동이 필수적으로 요구됩니다. 수업을 통해 소통하고 공유하며 경청하는 것을 습관화하는 것이 중요합니다. 토론수업의 1차적인 목적은 경청이며, 합리적인 상대의 의견을 수용하는 것이 기본자세입니다. 토론을 통해 상대방과 나의 의견이 다름을 알아야 합니다. 그리고 내가 미처 생각하지 못했던 것들을 적극적으로 배우며 수용하는 자세를 갖는 것이 필요합니다. 정치인의 소통은 지도자가 말을 하는 것이 아니라 국민들의 말을 듣는 것이 먼저입니다. 그것도 공감하며 듣는 것입니다.

학생들은 토론수업의 경우에도 교사가 주는 정보만이 정답이라고 생각하는 경향이 있습니다. 친구들과 토론을 해 봤자 정답에 미치지 못하기 때문에 토론 과정에서 다른 학생들의 발언을 잘 들으려고 하지 않습니다. 토론 과정에서 실수는 배움의 기회라는 것을 염두에 두어야 합니다. 토론에는 정답이 없습니다. 토론에서는 틀린 답도 없습니다. 생각하는 방향이 조금 다를 뿐입니다. 토론에서는 틀린 것이 아니라 색다른 의견입니다. 내 생각과는 조금 다른 의견입니다. 그런 인식에서 출발하는 토론은 틀릴 것을 두려워하며 위축되지 않습니다. 그리고 자기의 생각을 표현하지 않는 경향을 줄일 수 있습니다.

사실, 인생에서는 무슨 일에서든 정답이 중요하지 않습니다. 우리네 인생은 각자 다른 해법으로 문제를 해결해 갑니다. 그래서 토론수업에서도 각자 다른 해법이 정답이 될 수 있는 것입니다. 학생들에게 다른 친구가 한 말이 무엇인지 자기가 이해한 언어로 표현하게 하고, 그것에 대해 자기 의견도 말해 볼 수 있는 기회가 주어져야 경청이 생활

속에서 습관화됩니다. 다른 사람의 말을 경청하면 학생들 사이에 생각에 대한 소통이 수월하게 이루어집니다.

토론수업은 경청이 목적입니다. 다른 사람의 합리적인 의견을 얼마나 수용할 수 있는지가 관건이 되어야 합니다. 내 의견만을 주장하는 것이 토론수업의 본질이 아님을 명심해야겠습니다. 자신의 주장이 토론 상대의 주장보다 근거가 미약하다고 판단되면 기꺼이 자기의 주장을 접을 수 있는 용기를 배우는 것이 토론수업입니다. 토론을 잘하는 사람은 자기의 주장이 옳음을 증명하기 위해 끝까지 애쓰는 사람이 아니라, 다른 사람의 옳은 의견에 설득당할 용기가 있는 사람입니다. 이것이야말로 인성의 출발점입니다.

이제 실질적인 토론수업을 위해 고등학교 국어 시간에 활용했던 협의 주제를 제시하고자 합니다. 또한, 역사 전공은 아니지만 삼국통일에 관한 수업을 한다고 가정했을 때 토론하기에 적합한 발문을 만들어 보았습니다. 중요한 것은 학생들의 발산적 사고를 유도하기 위해 교사가 이미 수업한 내용을 바탕으로 '어떻게, 왜'에 중점을 두고 토론 주제를 만들어야 한다는 것입니다. 토론수업은 단순히 암기한 내용을 물어보는 것이 아니라 이미 공부한 기본 지식을 바탕으로 사고의 폭을 넓히는 과정이기 때문입니다.

* 김소월의 〈진달래꽃〉

○ 이별을 하면서 이별의 원인을 '나 보기가 역겹다'고 표현했을까?

○ 이별을 하면서 왜 말없이 그냥 보낼까?

○ 임과의 이별을 하면서 왜 존대어를 사용했을까?

○ 떠나는 임에게 진달래꽃을 한 아름 따다가 뿌려 준다고 했을까?

○ 임에게 진달래꽃을 사뿐이 즈려 밟고 가라고 한 이유는 무엇일까?

○ 임이 떠나갈 때 죽어도 눈물을 흘리지 않겠다고 다짐한 이유는?

○ 내가 떠나는 임이라면 화자에게 무슨 말을 했을까?

○ 만약, 화자가 나라면 나는 떠나는 임에게 무슨 말을 했을까?

○ 내가 화자라면 이렇게 이별하면서 어떤 느낌이 들었을까?

○ 내가 이별을 해야 하는 화자에게 조언한다면 무슨 말을 할까?

○ 우리가 생활하는 중에 반어법을 사용하는 예는?

○ 내가 사귀던 이성 친구와 이별한다면 어떻게 마음을 표현할까?

○ 이별을 하지 않으려면 이성친구와 어떻게 사귀어야 할까?

○ 이별에 관한 모방시 쓰기

○ 제목을 진달래꽃으로 한 이유는?

* 신라의 삼국통일

○ 신라가 삼국통일을 추진한 까닭은?

○ 강대국 고구려가 삼국통일을 못 한 이유는?

○ 문화적 우월성을 가진 백제가 삼국통일을 못 한 이유는?

○ 신라가 삼국통일에 당나라를 끌어들인 이유는?

○ 만약, 고구려가 통일했다면 후대에 어떤 영향을 미쳤을까?

○ 만약, 백제가 통일했다면 중국, 일본과의 관계는 어떻게 되었을까?

○ 신라와 당나라가 삼국통일을 한 긍정 효과는?

○ 신라와 당나라가 삼국통일을 한 부정 효과는?

○ 남과 북이 통일을 한다면 어떤 방법이 가장 효율적일까?

○ 남한과 미국의 힘을 빌려 통일한다면 통일 후 어떤 일이 벌어질까?

○ 남한이 북한이 대화를 통해 통일한다면 우리 삶에 어떤 변화가 생길까?

○ 남한이 북한이 대화를 통해 통일한다면 주변국들은 어떻게 반응할까?

스탠퍼드대학교 교육공학자 폴김과의 대담집 《교육의 미래 티칭이 아니라 코칭이다》라는 책에서는 발문 방법을 5단계로 구분하고 있습니다. 수업 시간에 잘 활용하면 효과적인 수업이 가능할 것으로 보아 소개합니다.

레벨 1은 단순한 암기식으로 답이 하나로 정해져 있는 수준입니다. 예를 들면 '전라남도 도청이 있는 도시는?'과 같은 발문입니다.

레벨 2는 명확한 답은 있지만 약간의 토론이 가능하며 여러 가지 정보를 생각하는 수준입니다. 예를 들면 '전라남도에서 인구 20만 이상의 도시는?'과 같은 발문입니다.

레벨 3은 비교, 분류, 분석, 패턴을 인식할 수 있고 창의력과 암기력이 약간 필요한 수준입니다. 예를 들면 '여수는 공업도시인가, 관광도

시인가?'와 같은 발문입니다.

레벨 4는 본인의 열린 생각과 종합적인 생각을 요구하는 수준입니다. 예를 들면 '여수 인구를 30만 이상으로 늘리기 위한 바람직한 정책은?'과 같이 상당히 창의적인 생각을 요구합니다.

레벨 5는 상상력과 창의력이 요구되며 새로운 이론이나 개념을 창출하고 융합적인 사고가 필요한 수준으로 21세기 수업에서 요구되는 방식입니다. '왜?'라는 질문을 통해 학생들의 발산적 사고를 유도합니다. 예를 들면 '전남은 우리나라에서 왜 가장 발전이 더딘 지역이 되었을까?'와 같은 방식의 발문입니다.

마스크

속 시원히 말해 놓고
뒤끝 없다 하지 말자
말로 맞아 생긴 상처
채찍보다 더 아프다

아무리 옳은 말도
거칠게 쏟아내면
이성보다 감정 앞서
갈등만 더 커진다

하고픈 말 담아두고
마스크로 걸러내고
홍시처럼 완숙하면
너도 좋고 나도 좋다

공부하게 만드는 4가지 동기

　학교에 오는 것만으로도 다행인 학생들이 많습니다. 수업 시간에 아무것도 하지 않고 멍하니 앉아 있거나 잠을 자는 학생들입니다. 이들은 아마도 가정이나 동료 관계 등에서 지속적인 스트레스에 노출되었을 가능성이 높습니다. 그래서 늘 우울하고 무기력합니다. 아무 의욕이 없는 이 학생들은 학습된 무력감으로 인해 아무것도 하지 않으려고 합니다. 이렇게 된 이유는 가정불화가 가장 큰 원인일 수 있습니다. 가정에서 생존의 욕구, 안전의 욕구, 사랑의 욕구가 채워지지 않으니 그 이상 단계의 욕구를 추구할 수 없습니다. 이렇게 장기간 스트레스가 축적되어 있어서 부정적인 기분이 평상시 감정 상태가 되었을 것입니다. 그리고 그 감정 상태에서 벗어나지 못하고 있습니다. 이런 학생들이 학교에서 지식 하나를 더 배운들 무슨 의미가 있겠습니까? 상처 입은 마음을 잘 어루만져 주고 따뜻하게 바라봐 주는 것이 우선입니다. 수업 잘하는 교사로 인정받고자 하는 욕심을 내려놓고 학생들을 넓은 가슴으로 안아 주는 것이 먼저입니다.

　공부할 이유를 찾지 못하는 학생들에게 공부를 하게 만들어서 기초학력을 정착하는 것은 매우 어려운 일입니다. 그러나 공부를 하지 않으려는 학생들도 마음 깊숙한 곳에 공부를 잘하고 싶다는 욕구가 숨어 있습니다. 성적이 하위권인 학생들도 시험이 끝나면 정답을 맞춰보면서 하나라도 더 맞으면 기뻐하는 장면이 바로 그것입니다. 대부분의 학생들은 공부를 열심히 해서 좋은 성적을 받고 싶지만, 정서적으로 황폐해 있고, 기초학력이 낮아 교과 내용이 어려워서 수업에 흥미를 느끼지 못하는 것입니다. 수업에 흥미가 없으니 공부를 안 하는 것입니다. 공부를 안 하니까 못하는 것입니다. 그렇게 공부를 못한다는 인식이 뇌에 자리 잡으면 더 이상 공부를 안 하게 됩니다. 그러므로 성적이 낮은 학생들은 공부를 못하는 것이 아니라 안 하는 것입니다.

공부에 흥미가 없다는 것은 공부가 어디에 쓸모가 있는지 모르겠다는 뜻이기도 합니다. 기초 지식이 아예 없어서, 지식이 앞으로 어디에 어떻게 쓰일지 모르기 때문에 수업 시간이 지루합니다. 재미가 없습니다. 그래서 잠을 자지 않고는 버티기가 어렵습니다.

학생들이 수업에 참여하지 않으면 우선 교사가 힘듭니다. 수업 시간에 잠자는 학생들이 많으면 교사의 자존감은 한없이 추락합니다. 그 어려운 임용고사에 합격해서 교사가 된 것만으로도 기분이 좋았는데, 현실에서는 수업을 거부하는 학생들로 인해 좋은 교사가 되겠다는 다짐도 공허한 메아리가 되고 맙니다. 그래서 교사는 학습을 포기한 학생들, 공부가 의미 없는 학생들의 감정을 우선적으로 살펴야 합니다. 학생은 자신의 강한 의지로 부정적 감정이나 비난을 상쇄할 수 있는 긍정적인 힘이 있어야 합니다. 비난을 견디는 힘을 길러야만 자기를 격려하고 다시 일어설 수 있습니다. 그것은 학교에서 작은 성취 경험입니다. 그 경험이 쌓이면 자신이 잘해 낼 수 있다는 것을 인식하게 되고, 기분이 좋아져서 자존감도 높아집니다. 그 자존감의 씨앗은 학생들이 눈부시게 성장할 수 있는 에너지가 됩니다.

가랑비에 옷 젖는다는 속담처럼 평상시에 조금씩 학생들의 긍정적인 변화를 유도하는 것이 필요합니다. 학생들이 공부가 재미없다고 말은 해도 마음속으로는 공부 못하는 것을 초조해하고 불안해합니다. 김현수 박사의《공부상처》에서는 공부를 하게 만드는 4가지 동기를 다음과 같이 설명하고 있습니다.

첫째, 공부를 못하는 데서 오는 고통을 경험했을 경우입니다. 좋아하는 선생님이나 이성이 생겼는데, 그 사람에게서 공부 상처를 받고 괴로워서 공부하는 아이들이 있습니다.

둘째, 새로운 롤 모델과 관계가 형성되었을 때 공부에 대한 대전환이나 폭발이 일어날 수 있습니다. 아이들은 지속적으로 관심을 갖고 격려해 주며, 이끌어 주는 사람이 있을 때 공부를 하게 됩니다. 누군가를 만나 자극을 받아서 무언가를 열심히 하게 되었다는 스토리는 위인전에도 단골로 등장합니다. 지속적인 지원과 격려는 사람을 움직이게 하는 힘이 있습니다.

셋째, 자신에게 뜻밖의 재능을 발견했을 때 공부도 같이 잘하게 되는 경우가 있습니다. 반드시 공부가 아니더라도 자신이 잘하는 것을 하는 과정에서 얻은 성취감이 공부까지 열심히 하게 만들어 주는 경우입니다.

넷째, 학생들은 좋은 선생님을 만났을 때 공부를 열심히 하게 됩니다. 어느 과목을 포기했다가도 좋은 선생님을 만나서 가장 좋아하는 과목이 되기도 합니다. 또한 특정 과목에 대한 선호도가 심해서 한쪽으로 성향이 쏠리거나 특출한 재능이 있는 학생들 가운데는, 자신의 꿈을 이루기 위해 다른 과목의 필요성을 느껴서 열심히 하는 경우도 있습니다. 이렇게 스스로 동기화가 이루어진 학생들은 하기 싫어도 열심히 공부하고, 또 어떻게 하면 잘할 수 있는지 비결만 터득하면 금방 잘하게 됩니다. 다른 학생들보다 흡수력도 뛰어나서 짧은 기간 안에 잘하게 되기도 합니다.

기초학력 향상 방법

　정부는 학습 지원 대상 학생에게 필요한 지원을 함으로써 모든 학생들의 기초학력을 보장해서 능력에 따라 교육을 받을 수 있도록 하기 위해 2021년 기초학력보장법을 제정해 2022년 3월부터 시행하고 있습니다.

　그 법에 의하면 기초학력이란 '학생들이 학교교육과정을 통해서 갖춰야 하는 최소한의 성취기준을 충족하는 학력'으로 정의하고 있습니다. '최소한의 성취기준'이란 국어, 수학 등 교과의 내용을 이해하고 활용하는 데 필요한 읽기·쓰기·셈하기를 포함하는 기초적인 지식, 기능 등으로 명시했습니다.

　학생들은 배움을 통해 성취의 기쁨을 느낍니다. 모르는 것을 알아가는 즐거움으로 인해 학생들은 학교에 오고 싶어지고, 학교생활이 행복해집니다. 학생이 행복하면 교사도 행복해지고 수업이 즐거워집니다. 학생들은 알찬 배움을 통해 기초학력이 정착되는 것만으로도 학교생활의 만족도가 높아집니다. 그래서 학교는 성취도를 조금씩 높여서 기초학력이 정착될 수 있도록 하는 것이 학생들에게 최고의 교육복지인 셈입니다.

우리 학교는 학생들을 수업에 끌어들여 기초학력을 높일 수 있도록 하기 위해 60점 이하의 학생들, 곧 E학점을 받는 학생들을 20% 미만으로 줄이는 데 최선을 다했습니다. 그리고 다음 방법들을 실천하려고 노력했습니다.

첫째, 수업에 잘 참여하지 않는 학생들의 수업 참여를 유도하기 위해 '적게 가르치고 많이 배우게 하자, 쉽게 가르치고 즐겁게 배우게 하자'를 실천했습니다. 학습의 양을 가급적 적게 하여 학습의 성취를 해당 시간에 즉시 느낄 수 있도록 했습니다. 교사가 많은 내용을 가르친다고 해서 학생들이 모두 배우는 것은 아닙니다. 학습의 양을 줄이고 또 줄여야 쉽게 가르치고, 즐겁게 배울 수 있습니다. 수업의 참여도를 높일 수 있습니다. 이렇게 해서 학생들이 수업에 참여하는 비율이 높아지면 우선 교사가 즐겁습니다. 학생들의 눈동자가 살아 있으니 수업할 맛이 납니다.

둘째, 배움이 느린 학생에게는 기다림이 필수적입니다. 문제를 이해하고 해결하는 데 더 많은 시간이 걸리므로 충분한 시간을 주기 위해 노력했습니다. 교사는 공부를 못하는 학생이라고 비교하거나 차별하지 않았습니다. 무시하는 언행도 하지 않았습니다. 학생들에게 조금씩 좋아지고 있다고, 앞으로 더 기대된다고 자주 이야기해 주었습니다.

셋째, 배움이 느린 학생 중 학습 부진을 벗어난 친구를 멘토로 활용했습니다. 학생들은 친구가 또래의 언어로 설명하면 아주 쉽게 이해

합니다. 그리고 할 수 있겠다는 자신감을 회복합니다. 친구에게는 피드백을 즉각 받을 수 있으며 늘 함께하기 때문에 정서적 관계도 좋아집니다.

넷째, 수업 시간에 어느 한 가지라도 잘하는 부분이 보이면 크게 칭찬해서 자신감을 심어 주었습니다. 이것이 학생들의 성취동기를 자극하는 데 매우 효과적입니다. 한 단원에서의 성취 경험이 다른 단원에서도 성취할 가능성을 높입니다. 한 과목에서의 성취 경험이 다른 과목에서도 성취할 가능성을 높입니다. 학생들이 이러한 성취를 바탕으로 장기적인 미래의 꿈을 가질 수 있도록 독려하면 웬만해서는 흔들리지 않고, 학습이 훨씬 효율적으로 이루어집니다.

공부하는 것을 학습이라고 합니다. 학습(學習)은 문자 그대로 배우고 익히는 것입니다. 그런데 학생들은 배우기만 하고 스스로 익히는 시간은 부족한 것이 현실입니다. 학원에서 선행학습을 받은 학생들은 교과 내용을 이미 배웠다고 말하지만, 그 내용은 잘 알지 못합니다. 습(習)이 없었기 때문입니다. 학원에서 배웠다고 인식하기 때문에 학교 수업 시간에 집중하지 못하는 경향을 보이기도 합니다. 그래서 학교에서는 그 시간에 배운 것은 곧바로 그 시간에 익힐 수 있도록 하는 장치가 필요합니다. 공부를 잘하는 학생, 즉 성취도가 높은 학생은 배우는 것보다 익히는 시간이 훨씬 많은 학생입니다. 수업 시간에 습(習)의 중요성을 인지하고 핵심 내용을 이해하고 외울 수 있도록 하는 것이 성공적인 수업이라고 할 수 있습니다.

다섯째, 배움이 느린 학생들은 학습용어를 잘 이해하지 못합니다. 그래서 학습용어의 개념에 대한 설명을 확실히 하는 것이 매우 중요합니다. 학습용어를 일상 언어로 쉽게 설명하여 이해를 돕는 것이 필요합니다. 학습용어는 대부분 한자로 구성되어 있어서 개념을 설명할 때 한자어를 활용하는 것이 매우 효과적입니다.

여섯째, 배움이 느린 학생들이 열심히 노력하여 높은 성취를 이루었을 때 학교장 상을 수여하는 방법도 고려해 볼 필요가 있습니다. 출발점에 비해 얼마나 더 진보했느냐를 측정해서 평가하는 것입니다. 배움이 느린 학생들은 학업과 관련하여 상장을 받아본 경험이 없어서 이렇게 성취상을 받는 것만으로도 큰 기쁨과 보람을 느낍니다.

일곱째, 파래토의 법칙이 있습니다. 파레토 법칙은 20:80 법칙입니다. 모든 조직에서 전체의 약 20% 정도는 부정적이고 노력을 게을리 한다고 합니다. 따라서 학교에서 아무리 많은 노력을 기울여도 모든 학생들이 E 학점, 60점 이상의 점수를 얻도록 하는 것은 거의 불가능합니다. 공부를 극도로 싫어하거나, 공부하기를 포기한 학생 약 20% 정도의 60점 미만 기초학력 미달 학생을 일시에 전부 구제하려고 노력하기보다는 한 명, 한 명씩이라도 구제해 가는 것이 훨씬 효과적입니다.

여덟째, 교사가 시험문제 출제 후에는 시험 범위 내에서 학생들이 배운 내용을 얼마나 잘 알고 있는지 확인하는 작업이 필요합니다. 아는 것을 분명히 알고, 모르는 것을 분명히 모른다는 것을 아는 것이 메

타인지학습이라고 말한 바 있습니다.

　중요한 것은 공부를 포기한 학생들도 시험에 관심을 갖고 시험에 대비할 수 있도록 하는 것입니다. 교사가 지필고사에 출제한 평가 문항의 70% 정도는 시험을 치르기 전에 완전학습이 이루어질 수 있도록 지도해야 합니다. 시험 직전 1~2시간 정도는 지금까지 학습한 내용을 정리하여 대부분의 학생들이 그것을 충분히 익힐 수 있도록 해야 합니다. 교사가 학생들에게 주요 개념이나 내용을 암기하는 방법도 가르칠 필요가 있습니다. 많은 학생들이 공부하는 법을 모르는 경우가 많기 때문입니다. 그런 후에 교사는 학생들이 충분히 암기했는지의 여부를 확인하는 과정이 반드시 필요합니다. 교사가 이렇게 노력해도 지필평가에서 60점 이하 학생의 비율을 20% 이하로 낮추기가 쉽지 않습니다. 그렇지만 이렇게라도 해서 성취도를 올릴 필요가 있습니다. 학생들이 평소 시험에서 10점, 20점을 받다가 시험 전 교사와의 암기 공동 학습을 통해 40점, 50점, 60점 이상으로 성적이 향상되면 그 후에 수업 참여율도 훨씬 높아지기 때문입니다.

이름표 없는 꽃

작년 봄 학교 화단에 심어놓은
이름 모를 작은 화초가
보약 같은 봄비를 받아먹고

형형색색 고운 빛깔로
싱그러운 봄꽃 피워냅니다

눈에 띄지 않아 관심조차 없었는데
메마르고 시린 땅에서
사무친 그리움 담아
새 봄 같은 삶 살아 보려고
나지막히 둘러앉아 희망의 꽃 피워냅니다

화원에서 사들인 수국처럼
가슴에 이름표 달고
화단의 주인공 되지 못해
배경 같은 삶 숨죽이며 살아도
마음 열고 다부지게 인고의 꽃 피워냅니다

향수 뿌려 바람에 날려 보내
나비 날아와 꽃잎과 놀아도
벌들이 꽃가루를 탐내 훔쳐가도
아무것도 잃을 게 없다는 듯
아이들의 가슴마다에 열정의 꽃 피게 합니다

학습평가의 의미

사람들은 본디 배우고자 하는 욕망을 가지고 태어납니다. 그래서 어렸을 적에 수없는 질문을 통해 알아가는 기쁨을 채워 가곤 합니다. 이렇게 사람들은 묻고 또 물으면서 스스로 학습해 가는 본능을 가지고 있습니다. 그러나 학교에 입학하면서부터 배움의 기쁨이 배움의 고통으로 점차 변해 갑니다. 질문도 자연스럽게 사라집니다. 고학년이 될수록, 상급학교로 진학할수록 질문은 줄어들다가 고등학교 단계가 되면 질문하는 학생들 찾아보기 힘듭니다.

왜일까요? 바로 평가가 있기 때문입니다. 평가를 통해 학생들이 배운 것을 확인하고 부족한 부분은 더 채워 주는 것이 평가의 본래 목적입니다. 교사의 피드백이 매우 중요한 기능입니다. 그런데 학교에서는 평가를 통해 학업을 성취한 학생과 그렇지 못한 학생을 나누는 역할을 합니다. 성취한 학생은 미래사회에서 성공 가능성이 높은 사람으로 여기기 때문에 학업에 미달한 학생은 희망이 사라집니다. 학습을 통해 학생들의 가능성을 이끌어내야 할 학교가 오히려 학생들을 좌절하게 만드는 역할을 합니다. 그러기에 학교에 다닐수록 좌절을 경험하는 악순환이 반복되는 아이러니가 발생합니다.

우리 학교에서 목표로 하는 지필평가 60점 미만 학생을 전체 학생의 20% 이하로 줄이자는 운동은 이러한 생각에서 비롯되었습니다. 매우 어렵고 힘든 목표입니다. 선생님들께서 그렇게 열심히 노력했음에도 불구하고 작년도에 지필평가 60점 미만의 학생이 33% 정도였습니다. 그런데 그런 노력조차 하지 않으면 60점 미만의 학생들이 60% 내외가 되는 것이 일반 학교에서 나타나는 현상입니다. 그렇게 되면 우선 교사들의 수업이 힘들어집니다. 수업 시간에 집중하지 않는 학생들이 과반수가 넘으니 수업을 하는 교사들의 고통은 더해질 수밖에 없지요. 그렇다고 시험문제를 쉽게 출제해서 90점 이상의 학생이 10% 이상이 된다면 공부를 잘하는 학생들이 열심히 공부하지 않고 힌트만 달라고 조릅니다. 그래서 난이도가 매우 높은 문제는 힌트를 전혀 주지 않은 상태에서 30% 정도 출제하는 것이 좋습니다.

역사적으로 보면 평가는 본래 교사를 위해 준비된 제도입니다. 학생의 학업성취도 분석을 통해 교사 스스로 교수 방법에 대한 성찰을 하기 위한 자료입니다. 학생들의 학업성취도가 매우 낮을 경우, 교사의 교수 방법이 학생들의 눈높이를 맞추지 못했다는 증거일 수 있습니다. 다른 나라와 비교했을 때 우리나라 교재의 난이도가 매우 높습니다. 가르쳐야 할 내용이 많다는 것이지요. 그러나 교사에게는 교육과정을 재구성할 자유가 있습니다. 학생들의 수준을 고려하여 꼭 가르쳐야 할 것만 가르쳐도 됩니다. 더욱이 초등학교와 중학교는 의무교육이기 때문에 보통의 국민으로 살아가야 할 기본만 가르쳐도 충분합니다. 그래서 우리는 '어떻게 하면 쉽게 가르칠까, 어떻게 하면 재미있게 가르칠까, 어떻게 하면 적게 가르칠까, 어떻게 하면 완전학습이 이루어지도록 할까?'를 고민해야 합니다.

수업 방법 중 하나가 교사 주도의 주입식 교육입니다. 요즘 학생 주도의 수업이 유행하지만, 학생들이 기본학습 능력조차 갖추지 못한 채 학생 활동 중심의 수업을 진행하다 보면 활동만 남고 배움이 없는 수업이 이루어질 수도 있습니다. 학생들이 이해하기 쉽도록 주입식 교육을 잘하는 것이 우선입니다. 완전학습이 이루어진 상태에서 학생 활동 중심의 수업도 이루어질 수 있습니다. 완전학습의 기본은 암기입니다. 수업 시간을 통해 학생들에게 암기하는 방법을 가르치는 것도 훌륭한 교수방법입니다. 수업의 말미에 그 시간에 학습한 내용을 요약 정리한 후 교사와 함께 외우게 하면 학생들은 무엇을 배웠는지 확실하게 알 수 있을 것입니다.

교사들은 말합니다. "시험문제를 쉽게 출제했는데, 학생들이 열심히 공부를 하지 않았다."라고. 그러나 곰곰이 생각해 보면 열심히 공부할 이유가 없는 학생들이 시험문제가 아무리 쉽다고 해도 공부해야 할 이유가 없습니다. 그러나 교사가 학습한 내용을 학생들에게 자주 확인하면 어쩔 수 없이 공부할 것입니다.

학생들이 학교에 오는 이유는 여러 가지가 있을 것입니다. 요즘 같은 사회에서는 학교교육을 통해 함께 살아가는 방법을 몸으로 익히는 것이 가장 중요한 학교의 기능일 것입니다. 그러나 학생들이 가장 기뻐하는 것은 배우는 것입니다. 배움의 기쁨을 충족하기 위해서 학교에 옵니다. 그러나 그 내용이 어렵기 때문에 배움을 포기합니다. 그러기에 교사는 공부하기 싫어하는 학생들도 공부에 참여할 수 있도록 고민하고 또 고민해야 합니다. 그것이 수업 시간을 통해 교사가 행복해지는 길일 것입니다.

제4장

미래를
준비하는 교육

말하기·쓰기 중심의 표현 교육

우리는 '침묵이 금이다, 말하지 않고 가만히 있으면 중간이라도 간다'라는 격언에서 보여 주듯 하고 싶은 말이 있어도 말하지 않고 참는 것이 예의라고 배워 왔습니다. 그래서 다른 사람들에게 상처받은 말들도 마음속에 담아 두어야 했습니다. '참을 忍(인)자 세 개가 모이면 살인도 면한다'는 격언처럼 아무리 억울한 일도 참고 또 참아내야 하니 마음에 화병이 생기기도 했습니다. 마음속에 억울하게 쌓여 있는 말들이 자연스럽게 흘러나갈 길을 찾지 못해서 '화병'이 생긴 것입니다. 우리나라 사람들이 화가 얼마나 많았으면 '화병'이라는 병명의 우리나라에서 비롯되었겠습니까? '칼로 베인 상처는 아물지만, 말로 베인 상처는 치유되지 않는다'는 말처럼 우리 마음속에 상처로 남아 있는 말들은 참는다고 치유되지 않습니다. 참으면 참을수록 삶의 의욕이 사라지고 우리들 마음속은 슬픔이나 우울감으로 가득 차게 됩니다. 스트레스로 인한 정신질환도 꼭 해야만 할 말을 참아내는 데서 시작된 것입니다. 그래서 우리는 마음속을 꼭꼭 찌르고 있는 말들을 다시 소리로 끄집어내어 밖으로 배출시켜야만 비로소 마음이 편안해집니다.

최영아는 《시가 마음을 만지다》라는 책에서 "시낭송을 하는 것은 마음속에 쌓여 있는 고통과 슬픔을 소멸시키는 방법이며, 마음을 비우고 청소하는 방법이다. 현대인이 점점 우울해지고 거칠어지는 것은, 귀로 들어가는 소리들은 많은 반면 입으로 나오는 소리들이 갈수록 줄어들기 때문이다. 컴퓨터와 휴대폰 등 통신기계와 대면하는 시간에 비해 사람들과 직접 소통하며 대화하는 시간이 너무나 부족한 탓이다. 하루 종일 온갖 기계음과 소음 속에서 인간적인 감성이 메말라 가고 있다."고 말합니다. 속 시원하게 자기감정을 드러내어 살아갈 수 있도록 말을 하거나 쓸 수 있는 기회를 갖지 못하며 살아간다는 것입니다.

심리상담에서는 자신의 문제를 입 밖으로 꺼내놓거나 쓰는 것만으로도 이미 문제의 절반은 해결된다고 합니다. 자신의 문제를 스스로 털어놓음으로써 자신이 처한 상황을 받아들이고 스스로 그 문제를 정리하고 해답을 찾아갑니다. 그리고 그렇게 함으로써 자신의 미래를 위해 힘차게 나아갈 수 있는 힘을 얻을 수 있습니다.

그러나 우리 교육은 대학수학능력시험에서 보여 주듯이 읽기와 듣기 중심의 이해 교육이었습니다. 이해 교육은 기본적으로 학생들에게 수동성을 강요합니다. 참을성을 강조합니다. 반복 학습을 통한 암기 교육을 요구합니다. 자신의 실생활에 필요 없을 것 같은 내용도 교과서에 나와 있어서 무조건 외워야만 했습니다. 교과서를 성전으로 여기기 때문에 반복적으로 학습하여 잘 외우는 학생만이 우등생이 될 수 있었습니다. 학습을 실생활과 연계할 필요도 없었고, 공부한 내용이 진리라고 생각했기 때문에 더 이상 고민할 필요도 없었습니다. 학교에서 그렇게 삶과 관련 없는 공부를 해 왔기 때문에 학교의 우등생이 사회의 우등생이 되지 못하고 있습니다. 학교에서 공부한 것은 그저 대학입시만을 위한 도구가 되었습니다. 학교의 우등생이 사회의 우등생이 되지 못하는 학교교육은 그 자체로 우리에게 많은 성찰이 요구합니다.

말하기, 쓰기 중심의 표현 교육은 학생들이 학습한 내용을 바탕으로 내 생각과 감정을 밖으로 표출하는 교육입니다. 표현 교육은 이해 중심의 듣기와 읽기 교육의 바탕 위에 가능한 학습 방법이기도 합니다. 학생들이 이미 학습한 내용을 토대로 이것이 일상생활에 얼마나 유용하게 쓰일 수 있는지, 내 삶과 얼마나 관련이 있는지에 대해 충분히 고민을 할 수 있어야 말하기, 쓰기 중심의 표현 교육이 가능할 수 있습니다.

말하기, 쓰기 중심의 표현 교육은 이미 알고 있는 것을 바탕으로 확산적 사고를 요구하기 때문에 학습할 범위가 더 넓어지는 것은 당연합니다. 그리고 표현 교육이 활성화되면 교육부에서 강조하는 학생들의 자기 주도적인 학습도 가능해집니다. 학생들은 표현 교육을 통해 자신의 존재를 확인할 수 있습니다. 수업 시간에 자신의 생각이나 감정을 표현해 보는 기회를 갖게 되면 더 잘 표현하기 위해 스스로 공부해야 할 필요성을 깨달을 수 있습니다. 표현 교육은 학생들이 자신을 드러내는 교육이기 때문입니다. 말하기, 쓰기 등 표현 교육은 수업 시간에 학생이 주인공이 될 수 있는 방법이기도 합니다. 학생들이 수업에 적극적으로 참여해야 해서 자연스럽게 잠자는 학생이 줄어들 수 있는 부수적인 효과도 거둘 수 있습니다.

우리 교육이 지금까지 듣기, 읽기 중심의 이해 교육에 치중해 왔으나 앞으로는 듣기, 읽기 교육은 물론 '말하기, 쓰기 중심의 표현 교육'으로 확대함으로써 학생들이 자신의 생각과 느낌을 자유롭게 표현할 수 있도록 했으면 좋겠습니다. 그래야 학생들은 자신이 한 말들을 스스로 실천하려고 노력하고 그 과정에서 행복을 경험할 수 있을 것입니다.

〈청소〉라는 시에서처럼 내 마음의 창문을 열고, 먼지도 털고, 바닥도 닦으면서 자아성찰을 해 보는 시간이 되면 좋겠습니다.

청소

창문을 열자
고운 햇볕 방 안에 들어오도록
어두운 마음속 밝게 비추고
포근한 사랑으로 가득 데워서
다정한 눈빛으로 미소 보낼 수 있게

먼지를 털자
보이지 않는 티끌까지 날아가도록
켜켜이 쌓여 있는 옹고집 날려버리고
마음에 드리운 나쁜 생각도 털어내어서
누구든 내 안에 들어와 마음을 나눌 수 있게

바닥도 닦자
눌어붙은 땟자국 말끔히 지워지도록
닦고 또 닦아 두명해진 마음 민 들고
꾸미지 않은 진정한 사랑을 보여 주어서
지치고 힘든 사람 내 안에서 쉬어갈 수 있게

학생은 교복을 입은 시민

학생들은 교과 공부를 해야만 하는 존재를 넘어서 자기 삶을 사는 존재입니다. 학교교육을 통해 대한민국 시민으로서 자신을 값있게 만들 수 있는 존재입니다. 학생을 인권을 가진 시민으로 그 존재를 인정하면 학교는 교과 공부하는 곳에서 범위를 넓혀 삶을 익히는 공간, 관계를 통해 자아를 빚어내는 공간으로 의미가 확대됩니다. 협력과 공존의 가치를 몸소 실천하는 연습장이 되는 것입니다. 그래야 학생들이 따뜻한 민주시민으로 바르게 성장할 수 있습니다.

학생들의 인권이 존중되면 자율 속에 책임을 질 줄 아는 시민이 됩니다. 인권은 자신도 소중하지만 다른 사람도 귀하게 여기기 때문입니다. 청소년기 학생들은 자신만의 이상적인 기준을 설정하고 그 이상에 맞춰서 살아가려고 노력하기 때문에 매우 정의롭습니다. 일제강점기 때 일본의 불의를 보고 참지 못해 독립운동을 시작했던 사람들도 바로 10대, 20대 청소년들입니다. 독립운동에 앞장섰던 유관순도, 광주학생운동의 주역도 10대의 학생들이었습니다.

지금의 청소년도 마찬가지입니다. 당연히 깨어 있는 시민입니다.

청소년들이 사회의 부조리를 찾아내고 허위의식에 저항해야 민주주의가 발전합니다. 세월호 사건에서처럼 어른이 시키는 대로 가만히 앉아 있는 존재가 아니라 상황을 잘 판단하고 행동에 옮기는 똑똑하고 실천적인 인간이 되어야 합니다. 학교에 이런 학생이 많을수록 10년 후, 20년 후 우리나라는 실질적인 시민 중심의 민주주의 국가로 발전합니다. 청소년들이 기존의 질서에 저항하면서 사회가 발전해 가는 것은 역사가 증명하고 있습니다.

학생들이 자율인으로서 주인의식을 갖는 것은 매우 바람직한 교육입니다. 학생이 자기 인생의 주인이 되려면 매 순간 선택할 자유가 있어야 합니다. 학생이 자기 생각의 주인이고 자기감정의 주인이고, 자기 행동의 주인이 될 수 있어야 합니다. 그 대신에 선택에 따른 책임도 함께 질 수 있도록 요구해야 합니다. 이것이 자율입니다. 책임을 지는 자유가 진짜 자율입니다. 힘들고 어려운 상황에서도 선택할 수 있게 하고, 그 선택에 책임을 지는 삶을 살도록 교육하는 것이 바람직합니다. 그래야 학생들이 자신의 미래를 스스로 개척할 수 있는 능력이 생기게 됩니다.

이런 이유에서 학생회가 필요합니다. 학교나 학급에서 문제를 찾아내고 그 해결책도 스스로 강구할 수 있도록 도와줘야 합니다. 교육기본법 제5조는 교육의 자주성에 대해 규정하고 있습니다. ③항에는 '국가와 지방자치단체는 학교운영의 자율성을 존중하여야 하며, 교직원·학생·학부모 및 지역주민 등이 법령으로 정하는 바에 따라 학교

운영에 참여할 수 있도록 보장하여야 한다.'고 규정되어 있습니다. 학교운영 참여자로서 학생도 포함되어 있습니다. 따라서 학교는 학생들도 학교의 주인으로서, 교복 입은 시민으로서 그 역할을 다할 수 있도록 지원해야 하겠습니다.

이런 의미에서 학교의 모든 행사의 주관과 진행은 학생회 중심으로 운영되는 것이 바람직합니다. 학생들이 기획하고 직접 진행해 보는 것이 좋습니다. 교사는 학생들이 입학식을 비롯해서 체육대회와 축제, 졸업식과 스승의 날 행사 등 학교 행사를 스스로 추진할 수 있도록 도와주고 응원을 해 주어야 합니다. 학생회 활성화를 위해 학생들이 수시로 토의할 수 있는 환경을 조성해 주고, 학생들이 합의한 안건에 대해서는 학교운영위원회에서 의견 발표할 수 있는 기회를 주는 것이 바람직합니다.

교과 수업 시간이든, 학급회의, 전체 학생회의든 학생들이 학교 현안에 관해 수시로 협의할 수 있도록 시간을 보장하고, 치열하게 논쟁하되, 반드시 합의를 이끌어 내어 이를 실천할 수 있는 문화가 조성될 수 있도록 도와주어야 합니다. 특히, 학교생활규정을 개정할 때에도 규제를 적게 하는 것이 좋습니다. 남에게 피해를 주지 않는 한 가급적 허용하는 것이 바람직합니다. 학생들이 원하는 내용 중 합의된 의견이 실질적으로 학교생활규정에 반영될 수 있도록 하고, 이를 학교운영위원회에서 논의하여 합의한 생활규정에 대해서는 반드시 실천할 수 있도록 해야 합니다.

학생회장단 선거는 12월 중에 실시하여 이전 회장단과 인수인계가 잘 이루어질 수 있도록 하고, 하계와 동계에 학생회 워크숍을 실시함으로써 학생회의 단합과 학생자치 운영에 대한 협의를 하는 것이 바람직합니다. 학교회장단이 솔선하여 학교 공동체 안은 물론 공동체 밖에서도 봉사활동 등 공익에 기여할 수 있는 문화를 조성하고, 실천할 수 있는 프로그램 개발할 수 있도록 지원하는 것이 좋습니다.

청소년기 학생들은 친구들의 영향을 가장 많이 받습니다. 따라서 또래상담이 활성화가 필요합니다. 또래 상담은 학생들 간의 갈등을 해결하고 고민에 조언을 해 주며 학교 적응을 도울 수 있는 역할을 합니다. 또한, 친구들의 눈높이에서 부적응 학생의 학교 적응력을 높임으로써 중도 탈락하는 학생이 없는 학교를 만드는 데 도움이 됩니다. 특히, 학생회를 중심으로 학교 SNS를 운영하여 학생들의 각종 문의 사항에 대해 회장단에서 답해 주거나 학교 및 학생회 행사 등을 공지하는 것도 필요합니다.

평소에 사용하는 언어는 그 사람이 어떤 사람인지를 보여 줍니다. 사람의 품격은 언어에서 나오기 때문입니다. 따라서 학생회를 중심으로 감사와 긍정의 언어문화운동을 펼쳐서 바르고 고운말, 예쁜말이 활성화되면 학교폭력을 대폭 줄일 수 있습니다. 교사도 학생들에게 큰 소리와 질책을 줄이면 학교의 평화가 찾아옵니다.

학교에서 학생들을 교복 입은 시민으로서 인권을 존중하고, 학생회에서 협의를 거쳐 아래와 같이 학생회 주관행사를 계획하고 실천하는

데 교사들도 적극 지원해 주었습니다.

학생자치회 활동 계획

- 세월호 참사 8주기 추모행사
- 이달의 도서 추천
- 교내 정화 활동
- 고민상담함 운영
- 학교 SNS운영
- 교내 웹툰 공모전
- 교내 단편 소설 공모전

- 이름 불러주기 행사
- 입학식 환영 행사
- 졸업식 문화 행사
- 스승의 날 감사 행사
- 교내 점심 음악방송
- 애플데이 행사
- 학교폭력 예방 캠페인

- 바른말·고운말 사용 캠페인
- 수업 방해 금지 캠페인
- 이달의 모범학급 선발
- 아침 교문맞이
- 학생자치회 임원 워크숍
- 사복데이 행사
- 학생자치회 임원 선거

- 학생 생활규정 제·개정 토론회
- 잔반 안남기기 행사

학생들을 향한 새로운 시선

　교사들은 초, 중, 고, 대학까지 대부분 성적도 우수하고, 모범적인 행동을 했습니다. 공부를 잘하고, 맡은 바 임무도 성실하게 수행해서 부모님이나 친인척들의 기대에도 부응했습니다. 선행상, 봉사상 등 학교에서 수여하는 상도 대부분 수상했습니다. 거의 완벽에 가까웠기 때문에 흠결이 없는 학창 시절을 보냈을 것입니다.

　그런데 교사들의 이러한 모범적이고 완벽한 삶은 학생들을 이해하고 받아들이는 데는 걸림돌로 작용할 수 있습니다. 교사가 설정한 이상적인 기준에 도달하지 못하는 학생들이 많기 때문입니다. 자연히 잔소리가 늘게 되고, 학생들의 언행을 지적하는 횟수가 늘어납니다. 이런 과정에서 학생도, 교사도 서로 마음의 상처를 입게 되고 갈등이 일어납니다. 이렇게 좋지 않은 감정이 스트레스로 쌓여 사제관계에서는 좋은 교육을 하기가 어려워집니다.

　교사는 학생들이 해야 할 일을 제때제때 제대로 하는 것이 학생의 본분으로 생각합니다. 그래서 끊임없이 간섭과 지시를 통한 통제하려고 합니다. 학생들의 입장에서는 어른들에게 하고 싶은 말이 있어도 말해 봤자 더 큰 잔소리가 쏟아진다는 것을 경험으로 알고 있습니다. 더 시끄러워지고 문제만 더 키우기 때문에 차라리 침묵을 합니다.

교사의 잔소리에 의한 이러한 통제로 인해 학생들은 마음에 억울한 일들이 쌓이고 쌓여 넘쳐흐릅니다. 단지 교사라는 이유로 학생을 강압적으로 대하거나 굴복시키기 때문에 학생들은 인권을 무시당한다는 느낌을 받습니다. 한 인간으로서 존중을 받아야 할 학생들은 미성숙하다는 이유 하나로 인간다운 대접을 받지 못하고 있다는 생각이 들기 때문에 반발심이 생겨납니다. 그렇지 않아도 미래에 대한 불안 때문에 고민하고, 지쳐있는 학생들에게 교사들의 잔소리로 기름에 불을 붙이는 꼴이 될 것입니다. 갈등이 더욱 심화될 뿐입니다.

학생들을 가르침의 대상으로만 보면 학생들도 마음의 문을 열지 않아서 서로가 인격체로 만나기 어렵습니다. 더욱이 전년도 담당 교사에게 부정적 정보를 받은 학생들에게는 편견이 작용하여 바람직하지 못한 행동의 교정에 매달리게 됩니다. 그 학생을 부정적으로 평가하고 판단합니다. 가슴으로 안아야 사랑할 수 있는데 등에 짊어지기 때문에 짐이 되는 것입니다.

로젠탈 교수의 실험은 교육의 시사점을 줍니다. 미국의 한 초등학교에서 교장이 20%의 학생을 무작위로 뽑아 교사들에게 지능이 높은 학생들이라고 안내했습니다. 그리고 학생이나 학부모에게 이 사실을 알리지 말고 평소처럼 학생들을 지도해 달라고 부탁했습니다. 실험 8개월 후 지능이 높다고 여겨진 학생들은 모두 엄청난 성장을 보였습니다. 이처럼 기대나 관심이 다른 사람들에게 좋은 영향을 미치는 현상을 가리켜 로젠탈 효과라고 합니다.

　교사들이 긍정적인 성장이 일어날 것이라고 믿으면 학생들은 누구나 아름다운 꽃을 피워 낼 소중한 씨앗이 됩니다. 선불리 판단하지 않고 있는 그대로 바라보며 존중합니다. 수업에서도 지식을 많이 가르치기보다는 학생들이 자기의 생각을 표현할 수 있는 시간을 주고 그들이 하는 말에 귀를 기울입니다. 이렇게 학생들의 이야기를 듣다 보면 마음속 빗장도 조금씩 열리게 됩니다. 교사도 아픔과 상처가 있고 허점도 있습니다. 학생들에게 이것을 감출 필요는 없습니다. 교사의 청소년 시절 이야기, 가족 이야기, 아직도 진행 중인 고민들과 힘들게 버텨 온 이야기를 해 주면 학생들은 누구나 다 약점이 있고 아픔이 있다는 사실을 깨닫게 됩니다. 교사도 불완전하지만 열심히 노력하는 사람이라는 것을 학생들이 알게 되면 교사의 삶을 배우게 됩니다. 교사가 마음의 여유를 가지고 학생들을 대할 때 좋은 관계가 형성되고 그들의 배움의 욕구, 동기도 커질 수 있습니다.

따뜻한 생활교육으로
평화학교 만들기

인간의 삶 속에서 갈등은 필연적으로 존재합니다. 사람이 모인 곳에서는 반드시 갈등이 있습니다. 학교에서도 매일매일 갈등 상황을 겪을 수밖에 없습니다. 학교에서는 이를 평화롭게 해결하는 경험을 해야 합니다. 이 시기에 갈등을 평화롭게 해결하는 방법을 배우지 못하면 학생들은 또래 관계의 어려움, 심리적인 문제 등에 영향을 받아 학교생활에 잘 적응하지 못합니다. 따뜻한 생활교육은 학교에서 학생들이 잘못한 점, 실수한 것, 실패한 것 그 자체를 배움의 기회로 삼는 것입니다. 따뜻한 생활교육을 하기 위해서는 수업과 생활교육을 분리해서는 안 됩니다. 학교생활 전체가 교육의 장이 되어야 하기 때문입니다. 그래서 교사는 학생의 입장에 서서 생각해 보고, 학생의 감정을 느끼는 공감적 이해를 바탕으로 수업을 진행해야 합니다.

학생들이 과잉 경쟁 속에서 학교 성적을 올리는 데에만 집중하면 공감 능력이 향상되지 않습니다. 교과 공부는 전두엽을 활성화시켜 이성적인 인간을 만듭니다. 공부에 집중하다보면 학생들을 사회적 관계로부터 고립시켜서 공감 능력이 결핍될 수밖에 없습니다. 좋은 성적을 유지하기 위해서 인간으로서 꼭 배워야 할 함께 사는 능력인 공감, 친교, 협력 활동을 억제했기 때문입니다. 학교는 함께 살아가는 능력을 학습하는 공간입니다. 이것은 우리 사회가 지속 가능할 수 있도록 반드시 학습되어야 할 역량입니다.

따라서 학생 간 갈등 해결을 위해서는 획일적인 강의와 훈계보다는 학생들이 배워야 할 사회적 약자에 대한 배려와 평화, 인권 등 보편적 가치들을 수업 속에 녹여 넣어야 합니다. 그리고 이러한 가치들이 학생들 마음속에 스며들 수 있도록 다양한 체험 중심의 교육을 함으로써 행동으로 표출되게 해야 합니다. 체험을 통해 그러한 가치들을 스스로 깨닫고 내면화되도록 도와줌으로써 지속적인 실천이 이루어질 수 있도록 해야 합니다.

학생 간의 갈등은 대부분 언어폭력에서 시작됩니다. 학교폭력 피해 유형에서도 언어폭력이 36.8%로 가장 많습니다. 신체폭력과 집단 따돌림도 언어폭력에서 비롯됩니다. 따라서 미래사회를 살아갈 학생들이 반드시 배워야 하는 것은 비폭력 대화 방법입니다. 학생들이 자신의 감정을 알아차리고 적절하게 표출하는 방법, 남의 생각과 의견을 경청하는 방법, 자신들의 요구를 정확하고 부드럽게 표현하는 방법 등을 꾸준히, 반복적으로 배우고 실천해야 합니다. 이른바 '미고사 운동'인 '~해서 미안합니다, ~해서 고맙습니다, ~ 사랑합니다.'라는 말이 일상화되어야 합니다.

학교에서 학생 간 갈등은 좋은 배움의 기회로 생각하는 마인드가 필요합니다. 학생들이 서로 협상할 수 있는 능력, 조정할 수 있는 기술, 합의로 이끌어 내는 과정 등이 국어, 영어, 수학 공부보다 더 중요합니다. 대화로 문제 해결하기, 중간에 말 끊지 않기, 상대방의 발언권 인정하기, 비난의 언어 쓰지 않기, 존중의 언어 사용하기 등이 수업과 생활을 통해 지속적으로 교육되어 대인 관계 능력이 향상되면 학교가 평화로워질 것입니다.

사랑이 온다

예쁘지 않아도
결점이 많아도
좋은 사람으로 여기고
존재에 감사하면 사랑이 온다

현재뿐만 아니라
과거의 삶도 이해하고
미래도 보살피면서
온 몸으로 안아 주면 사랑이 온다

지쳐 있을 때 손잡아 주고
힘들어할 때 보듬어 주며
기댈 수 있는 나무 되어
끝까지 지켜주면 사랑도 온다

한자 읽기 교육으로
수준 높게 살아가기

우리는 한자를 사용하는 동양 문화권에 살고 있고, 우리말의 65% 이상이 한자어로 구성되어 있습니다. 특히, 세계 2강에 속하는 중국이 한자를 쓰기 때문에 글로벌 시대를 살아가야 할 학생들에게는 영어와 더불어 중국어 또는 한자를 아는 것이 반드시 필요합니다. 특히, 아시아 전 지역은 한자 문화권을 영향을 받고 있어서 한자를 읽을 수 있다는 것은 아시아 어느 지역에서도 소통할 수 있다는 뜻이기도 합니다.

오랜 경험에 의하면 한자를 읽고 쓴다는 것은 쉬운 일이 아닙니다. 특히 쓰기는 더 어렵습니다. 수십 번 써 봤던 한자도 몇 달만 지나고 나면 온전히 쓰기 어려웠던 경험이 있습니다. 그래서 한자교육은 쓰기보다는 읽기에 중점을 두는 것이 훨씬 효율적이라고 생각합니다. 한자를 읽기만 한다면 쓰는 수고로움을 덜 수 있을 뿐만 아니라 한자를 쓰려고 연습하는 시간에 더 많은 한자를 읽고 외울 수 있습니다. 이렇게 해서 한자를 조금이라도 더 많이 알게 된다면 그만큼 언어 독해 능력이 상승할 것입니다.

한자는 단어가 만들어지는 기본 원리를 바탕으로 그 의미를 유추해 볼 수 있으며, 깊은 사고도 할 수 있습니다. 한자를 많이 알고 있으면 어휘력이 풍부해지는 이유이기도 합니다. 학교 교과 교육과정에서 학습의 기초가 되는 주요 개념어는 대부분 한자어로 구성되어 있기 때문에 고등학교, 대학교 등 상위 학습과정으로 올라갈수록 한자어의 비중이 높아집니다. 그래서 고등학교나 대학교에 진학하면 한자를 많이 알고 있는 학생들의 성적이 크게 오르게 됩니다. 개념학습에서 한자가 매우 효율적이기 때문입니다. 수능도 결국은 독해 중심이기 때문에 좋은 성적을 거두기 위해서는 한자를 잘 알고 있는 사람이 유리합니다. 학교생활은 물론 사회에 진출해서도 한자를 많이 아는 사람이 평생 학습을 하는 데에도 절대적인 도움을 받습니다.

　교과 수업 시간에 주요 개념이나 용어를 가급적 한자를 활용해서 설명해 주면 좋겠습니다. 사회 교과서나 과학 교과서의 주요 학습 개념은 한자만 알면 쉽게 이해할 수 있는 것이 대부분입니다. 다른 과목들도 학습용어들이 대부분 한자에 기반하여 만들어져서 한자를 활용하여 수업을 하면 학생들의 이해도를 훨씬 높일 수 있습니다. 학생들도 학습용어를 이해하기 위해서 한자를 곱씹으며, 한자에 대해 더 많은 관심을 갖게 될 것입니다. 중학교에서 한자 900자 읽기, 고등학교에서 1,800자 읽기는 어렵지 않게 실천할 수 있습니다. 중학생도 머리가 좋고 열심히 노력한 학생이나 평소 한자에 관심이 있는 학생은 1년 만에 1,800자를 모두 외우기도 합니다. 학생들도 한자 읽기에 자신감을 얻으면 스스로 긍지를 갖게 될 것입니다. 학부모들도 한자 읽기 교육을 학교에서 실시하면 크게 환영하며 응원해 줍니다.

　한자 읽기 학습이 정착되면 학생들은 교과 학습의 이해력을 높이는 데 큰 도움을 받을 수 있습니다. 한자어를 통한 어휘력 향상은 언어를 구사하는 데에도, 긴 문장을 읽고 이해하는 데에도 매우 큰 효과를 볼 수 있습니다. 특히, 일본어나 중국어 등 한자문화권의 언어를 습득하고 활용하는 데 도움이 되기도 합니다.

독서하는 참 괜찮은 교양인

사람이 사람다운 구실을 하려면 몸이 건강해야 합니다. 또 건강한 몸을 뒷받침해 주는 마음, 즉 정신이 건전해야 합니다. 좋은 음식은 우리의 몸을 튼튼하게 해 주지만 우리의 정신에는 직접적인 영향을 주지 않습니다. 인간의 정신세계를 윤택하게 해 주고 올바른 마음을 가질 수 있는 길잡이 역할을 해 주고 올바른 마음을 가질 수 있는 것은 바로 책입니다.

책을 읽지 않으면 정신이 녹슬고 병듭니다. 사람의 신체에 병이 들면 약국에 달려가 약을 사 먹을 수도 있고, 심하면 병원에 입원하여 치료할 수도 있습니다. 그러나 인간의 정신이 병들면 치료 방법이 따로 없습니다. 그래서 우리는 우리의 정신 건강을 위해 좋은 책을 골라서 많이 읽어야 합니다. 선진국 사람들의 가정집에는 손때 묻은 낡은 책들이 아주 많습니다. 거실은 물론 아이들 방에도, 아빠 방에도, 엄마 방에도 심지어는 화장실까지도 손 닿는 곳에 가까이 책이 보입니다. 그래서 정신세계가 건강합니다.

책을 많이 읽으면, 우선 아는 것이 많으므로 여러 사람 앞에서 이야깃거리가 풍부해집니다. 생각이 풍부해져서 어떤 일이 생겼을 때 이렇게도 생각해 보고 저렇게도 생각해 보아 그 일을 슬기롭게 풀어 갈수도 있습니다. 책을 많이 읽으면, 공부 방법도 스스로 터득할 수 있습니다. 폭넓게 책을 읽으면 여러 가지 새로운 지식을 습득하여 올바른 사고를 할 수 있습니다. 영상문화가 압도하고, 변화의 속도가 강조될수록 독서가 더 필요합니다. 독서는 책을 쓴 사람이 모든 것을 다 바쳐 연구한 것이기 때문입니다. 독서는 짧은 시간에 그 책을 자신의 것으로 만들 수 있는 가장 효과적인 방법입니다.

요즘 학교에서는 학생들에게 읽고 싶은 책을 추천받아 구입합니다. 그래서 개인 특성에 맞는 독서를 장려하고 있습니다. 이런 독서교육은 학생들로 하여금 개인의 관심사나 흥미, 적성을 고려하여 잠재되어 있는 재능을 계발할 수 있도록 돕고, 평생에 걸쳐 독서를 습관으로 굳어지게 하는 효과를 거둘 수 있습니다. 독서도 다른 교과 공부와 마찬가지로 체계적인 지도가 필요합니다.

학교에서 학생들의 독서 습관을 정착시키기 위해 좋은 방법 중 하나가 아침 독서 15분 운동입니다. 자신이 원하는 책을 골라 15분 동안 읽고 독서록에 한 줄 정도로 책의 내용이나 간단한 소감을 적는 활동입니다. 줄거리가 아닌 책의 구절이나 본인의 소감과 느낀 점 위주로 작성합니다. 이렇게 간단하게 독후활동을 하면 자발적인 독서 습관을 기를 수 있고 독서를 좋아하는 교양인을 기를 수 있습니다.

아침 독서는 독서 습관이 학생 생활의 일부분으로 자리 잡게 하기 위한 것으로 기초학습 능력을 향상 시키고 올바른 인성 함양을 통해 학교 폭력 예방에도 도움이 될 것입니다. 도서실과 학급 문고의 책을 활용하여 책을 읽으면 하루 일과를 독서로 시작함으로써 차분한 마음가짐으로 하루를 열 수 있습니다. 아침 독서 시간에는 모두가 읽는다, 매일 읽는다, 좋아하는 책을 읽는다는 원칙으로 추진하는 것이 좋습니다.

아침독서는 학급 교실 측면에서는 차분한 교실 분위기를 형성하고 1교시부터 학습에 집중하는 효과를 가져옵니다. 학생 측면에서 차분한 가운데 집중할 수 있는 능력이 길러지고, 책 속 인물들을 통해 다른 사람에 대한 이해심이 증가할 수 있습니다. 교사 측면에서도 개인적으로 학교의 바쁜 일과 속에서 책을 들기가 쉽지 않은데, 이런 운동을 통해 책을 읽으며 발전의 기회를 가질 수 있습니다. 아침 독서운동 양식은 다음과 같이 만들면 됩니다.

독서 날짜	책제목	쪽수	느낀 점, 좋은 문구 등을 한 줄 혹은 두 줄로 씁니다.

이번에는 좀 더 심도 있는 독서를 하는 학생들이 독서 후에 읽은 책의 내용을 어떻게 정리하면 효율적인지를 말씀드리겠습니다. 책을 읽

고 독후감 쓰기를 어려워하는 학생들에게 다음의 독서기록장을 활용하여 읽은 내용을 정리하게 한 후 이 순서대로 글로 풀어쓰게 하면 어렵지 않습니다.

독서기록장을 잘 활용하면 독서에 대한 집중력을 키워 줄 수 있고, 책을 읽고 난 후 기본 내용을 정리하는 학습 활동으로 인해 독해 능력이 향상되어 교과 학습에서도 효과를 볼 수 있습니다. 또한, 독서기록장을 활용하여 독후감상문을 쓰도록 하면 독후감 쓰기 능력이 크게 향상되고, 책에서 받은 감동이나 교훈의 메시지를 오래도록 간직할 수 있습니다. 책의 전체를 읽어서 내용을 쉽게 파악하고, 저자는 왜 그렇게 썼는가를 분석해 보는 활동에서 깊이 있는 독서가 완성되는 것입니다. 독서기록장을 활용하면 각 교과별 수행평가를 하는 데도 도움이 됩니다. 6개의 영역 중 각 영역별로 각각 점수를 배분하여 평가를 하면 학생들이 정성을 다해 책을 읽는 효과를 가져올 수 있습니다.

이밖에도 일반 교과 시간에 활용할 수 있는 독서 지도 방법이 있습니다. 여기서 유의할 점은 독서가 아무리 좋다고 해도 그것을 이행하는 과정이 어려우면 지속되기 어렵습니다. 모든 교육에서 그렇듯 교사나 학생이 지치면 교육은 실패합니다. 실적 쌓기용 독서교육이 아니라 실제 교실에서 쉽게 접근할 수 있어야 합니다. 교사가 지치지 않는 독서교육인 진짜 교육입니다.

독서일기 쓰기는 한 번에 책을 읽지 못할 때 그날 읽은 부분만 일기 형식으로 내용을 정리하는 것입니다. 그날 읽은 내용 중 인상적인 내용, 궁금한 점, 새로 알게 된 점 등을 편안히 쓰게 합니다.

책 속 인물에게 편지 쓰기도 좋습니다. 등장인물에 대한 느낌과 의문점, 전하고 싶은 생각 등을 편지의 형식으로 써 보는 것입니다. 답장까지 상상해서 편지를 적어 본다면 한 차원 더 높은 감상이 될 수 있습니다.

그 책을 읽지 않은 사람에게 학생이 읽은 책을 추천하는 편지 쓰기도 좋습니다. 친구, 선생님, 부모님에게 자기가 읽은 책을 소개해 주는 것입니다. 재미있게 읽은 부분, 이해하기 어려웠던 점 등을 평소 하고 싶은 말과 함께 써 볼 수 있게 합니다.

책 속의 인물과 가상 인터뷰하기는 책을 심도 있게 읽을 수 있는 방법입니다. 책의 내용과 인물의 성격에 관해 질문하고 대답하는 형식으로 써 보게 하는 것입니다. 특히 구체적 어떤 사건을 중심으로 인터뷰를 한다면 더욱 효과적입니다.

역사에 관한 내용은 상황 바꾸어 쓰기도 좋습니다. '만약 그때 그 사람이 등장하지 않았다면', '만약 그것을 보지 않았다면' 등의 '만약'의 질문을 던져 보고 상황을 바꿔서 써 보는 것입니다.

독서를 싫어하는 학생들에게는 자신이 독서한 내용을 광고문 형식으로 표현하기 활동이 효과적입니다. 그림을 그리거나 책의 요점, 읽은 소감 등을 적어서 그 책을 광고함으로써 다른 사람이 그 책을 읽고 싶다는 충동을 느끼게 해 보는 것입니다.

내용 파악이 중요한 독서는 마인드맵으로 표현하기 활동도 좋습니다. 책의 내용을 정리하는 데에 매우 효과적이기 때문입니다.

제목/작가			읽은 날짜	
읽은 페이지	쪽 ~ 쪽		확인	

줄거리	
저자의 주장 (주제)	
마음에 드는 문장	
책 내용과 비슷한 세상일, 나의 경험	
작가나 등장인물에게 질문할 내용	
글을 읽은 후 변화된 나의 생각	

앎, 삶, 쉼이 조화를 이루는 학교

　학교는 학생들이 민주시민으로 성장하기 위한 삶의 공간입니다. 따라서 협력과 공존의 가치를 배우는 앎의 공간, 함께 살아가는 법을 실천하는 삶의 공간, 그리고 놀이를 통해서 끌어안고 보듬어 주는 쉼의 공간이어야 합니다. 교과 학습은 물론 배움과 성장이 자연스럽게 이루어지는 배움의 공간이어야 합니다. 한다. 교육을 통해 경쟁과 효율이 중시하며 교과 학습에만 매진했던 학습 공간에서 배려와 존중을 실천하며 희망찬 미래로 나아갈 준비를 하는 유연한 공간이 되어야 합니다. 획일적이고 딱딱한 학교가 개성 있고 다양하고, 창의적인 미래교육 공간으로 바뀌어야 합니다. 더 나아가 지역사회와 학교 공간을 공유하고, 지역민의 삶을 녹여 내는 지역사회 공동체의 중심 역할을 해야 합니다.

　우리 학교는 학생들의 삶이 존중받고, 재미있는 이야깃거리가 있고, 교육적 가치 있는 삶의 공간에서 아름다운 사람들이 자라날 수 있는 환경 구성에 노력했습니다. 학교 공간을 교육과정과 연계하고 그린스마트스쿨에서는 사용자 참여 설계를 적극적으로 추진했습니다.

감성 시와 인성교육 문구를 활용한
교육환경 가꾸기

마음이 아플 때 시를 읽으면 시들었던 감각이 파랗게 살아납니다. 어두웠던 마음도 환하게 밝아 옵니다. 밝고 아름다운 시어들은 마음까지도 깨끗하게 정화시켜 줍니다. 마음속에 담아 두었던 감정의 찌꺼기들이 시원하게 배출됩니다. 시를 벽에 붙여 놓고 수시로 큰 소리로 읽으면 가슴 깊이 맺혀 있던 응어리가 깨어지고 부서져 나가 시원함을 느끼게 됩니다.

고운 말도 마찬가지입니다. '가는 말이 고와야 오는 말이 곱다'라는 속담처럼 누구든지 곱고 예쁜 말을 듣고 싶어 하고 그런 말에 마음을 엽니다. 그렇게 채워지니 내면의 힘으로 주변 사람들에게 다시 곱고 예쁜 말을 합니다. 따뜻하고 좋은 말은 선순환되어 좋은 사람들을 불러오고 학교 전체가 좋은 사람들로 가득 차게 됩니다.

그래서 우리 학교는 인성교육 관련 시와 좋은 말이 담긴 플래카드를 제작하여 분기별로 제시했습니다. 학생들의 감성을 자극하는 시는 우리 학교가 남학교임을 감안하여 가급적이면 10줄 이내로 만들었습니다. 분기별로 게시할 때마다 시 6편과 4개의 플래카드로 감성을 자극

했습니다. 학교 전광판에도 곱고도 아름다운 말들이 흘러갈 수 있도록 했습니다. 그리고 교사와 학생들이 그렇게 살려고 실천했습니다.

우리 학교 인성교육 플래카드 문구와 전광판에 사용된 글귀를 소개합니다.

○ 친절하고 예쁜 말은 내 곁에 좋은 사람들을 불러옵니다
○ 삶의 향기 넘쳐나는 여수중학생, 대한민국 인재로 성장합니다
○ 내가 지금 사용하는 언어가 나의 생각을 바꾸고 나의 미래를 만듭니다
○ 행복한 미래를 준비하는 참삶교육, 따뜻한 가슴에서 시작됩니다
○ 너와 내가 함께 만들어가는 아름다운 날들이 참 좋습니다
○ 우리들의 환한 웃음소리 따뜻한 미소가 좋은 학교를 만듭니다
○ 미래를 위한 꿈과 희망은 나에게 주는 가장 좋은 선물입니다
○ 너와 함께하는 지금 이 순간에 우리가 세상의 주인공입니다
○ 내 마음속 따뜻한 햇살이 되어 준 친구가 있어 참 행복합니다
○ 새는 날아서 어디로 가게 될지 몰라도 나는 법부터 배운다
○ 나는 나답게, 너는 너답게, 우리는 우리답게 자라납니다
○ 엄마도 아빠도 선생님도 여러분들이 행복해지기를 소망합니다
○ 우리들은 넓은 가슴으로 함께 살아가는 여수중학생입니다
○ 친구는 내가 선택한 가족, 진심으로 서로에게 스며듭시다
○ 친구에게 한 번이라도 더 고운 말, 더 미소, 더 용서, 더 사랑

○ 배려하고 존중하는 학교 문화 & 경청하고 소통하는 토론 문화

○ 좋은 말은 나를 위한 기도, 웃는 얼굴은 나를 위한 축복입니다

○ 자신을 좋아하고 사랑하는 사람은 남도 소중하게 여깁니다

○ 따뜻한 민주시민이 커 가는 어울림 학교, 교육 1번지 여수중학교

○ 배움의 터전 여수중학교에서 대한민국 민주시민이 성장하고 있습니다

○ 부모님은 행복한 학교생활을 하는 우리들을 응원합니다

○ 자기 빛깔의 꽃을 피워가는 사람은 삶의 주인공으로 성장합니다

○ 너는 내가 본 꽃 중에서 가장 아름다운 꽃입니다

○ 눈빛만 보아도 그 마음을 읽을 수 있는 것이 사랑입니다

○ 좋은 생각이 좋은 마음을 만들고 좋은 행동을 하게 합니다

○ 네가 있어 내가 있고, 내가 있어 네가 있습니다

○ 마음의 상처는 그를 용서해야 치료됩니다

○ 웃으면 좋은 일이 생기고 사랑하면 예뻐 보입니다

○ 내가 하고 싶은 말보다 상대방이 진정 듣고자 하는 말을 합시다

○ 칼로 베인 상처는 쉽게 아물지만 말로 베인 상처는 치유되지 않습니다

○ 나 자신을 진정으로 사랑해야 남을 사랑할 수 있습니다

○ 흐린 날에도 내 마음은 항상 맑습니다

○ 동행은 같은 방향으로 가는 게 아니라 같은 마음으로 가는 것입니다

○ 그대가 있기에 이 세상이 더 아름답습니다

○ 할 수 있다고 생각하면 할 수 있습니다

○ 여러분은 어떤 일을 해도 최고가 될 사람입니다

그린스마트스쿨 이야기

아이들의 웃음소리 넘치는 행복학교를 꿈꾸며

우리 학교는 여수 구도심에 위치하고 있습니다. 1946년 2월 10일 6년제 2학급 여수공립중학교로 개교했습니다. 준공된 본관 1동부터 건립되어 2019년에 개관한 체육관까지 다양한 연한을 가진 건물들로 구성되어 있습니다. 교직원과 학생들의 주요 교육 활동이 이루어지는 본관과 후관동 3개 동은 건축 경과 연수가 1동 68년, 2동 62년, 3동 52년으로 평균 60.7년입니다. 내진 설계가 되어 있지 않고, 석면이 포함되어 있으며, 누수는 붕괴 위험이 있어서 철거 후 개축이 절실히 필요한 상태였습니다.

따라서 우리 학교는 행복한 미래를 준비하는 참삶교육 실현을 위해 학생들의 안전과 건강을 고려하고, 마을과 연계한 교육과정 실천을 위해 학생, 학부모, 교직원, 동문회 등의 동의를 얻어 2021년 하반기에 그린스마트스쿨 사업을 신청하게 되었습니다.

우리는 학교 구성원들과 다양한 교육과 연수를 받았고, '우리가 만드는 행복학교'라는 사업 기조를 공유하고, 홍보했습니다. 생소했지만, 구성원 모두가 사용자 참여 디자인 활동에 관심을 가질 수 있는 학교 분위기를 만들어 갔고, 실질적인 여러 프로그램 운영을 통해 이를 실천했습니다.

그 과정을 요약하여 정리하면 다음과 같습니다.

○ 우리 학교 그린스마트스쿨 사업 방향 설정 및 계획
○ 사용자가 함께 만들어 가는 학교를 위해 구성원에게 설명·홍보 및 연수
○ 학교교육과정과 연계한 사용자 참여 디자인 프로젝트 계획 및 운영
○ 미래교육 전환을 위한 교직원 워크숍 및 연수 및 컨설팅
○ 마을 연계 교육과정 편성 및 지역 상생 프로젝트 계획 및 운영
○ 기후·환경 교육에 대한 학교 구성원의 경각심 고취 및 프로그램 운영

사용자 참여 디자인을 위한 학교교육과정 재구성 필요성 인식

여러 사례 연구를 통해 살펴본 공간혁신 학교들은 학교의 생태환경을 깊이 알지 못하는 교육지원청 기획팀과 실계사무소 중심으로 건축하여 교육과정 운영상 문제점을 안고 있었습니다. 불편한 동선이나 구조를 가진 경우가 많았고, 획일적이고 고정된 공간 구성으로 인해 사용에 불편함도 겪고 있었습니다. 그래서 우리는 학교 공간이 정형화된 틀에서 벗어나야 한다, 미래교육을 실현할 수 있는 유연한 공간

이어야 한다, 앎과 삶, 쉼, 놀이가 공존하는 삶의 공간이어야 한다, 지역사회와 공간을 함께하고 지역민의 삶의 질을 향상시키는 교육공동체의 중심이 되어야 한다는 데 의견을 모으고 이러한 공간을 확보하기 위해서는 학교 디자인 단계에서부터 학교 구성원이 적극적으로 참여하여 우리의 의견을 개진하는 것이 옳다고 판단하였습니다.

그린스마트스쿨 협의체 구성 및 운영

그래서 2021년에 1차 협의체를 구성했습니다. 학교장을 포함한 내부 위원 15명, 사전기획가, 운영위원 등 외부 위원 10명 등 25명으로 운영하여 다양한 의견을 청취했습니다. 당시에는 사용자 참여 디자인이라는 말 자체가 아주 생소한 단어여서 이에 대한 연수와 홍보가 필요했습니다. 그래서 그린스마트스쿨 협의체가 탄생했고, 이를 통해 학교 구성원들이 수많은 논의를 거쳐 합의를 이끌어 내고, 모두가 협력할 수 있는 분위기와 환경을 조성했습니다.

공립학교의 특성상 2022학년도가 되자 교직원의 인사이동이 있었고, 학생 대표가 교체되었으며, 지방 선거에 의해 시의원으로 참여했던 협의체 위원이 다른 사람으로 교체되어야 할 상황이 되었습니다. 그러나 이전 사업내용과의 연계성이 필요했고, 설계단계에서 필요한 요소를 고려해서 신중하게 2차 협의체 위원을 구성하여 운영했습니다. 학교 내부 위원 9명, 학교 외부 위원 8명 등 17명으로 구성하여 좀 더 심도 있는 논의를 시작했습니다.

사업 비전 수립 및 학교 구성원 교육

우리는 그린스마트스쿨 사업 방향과 비전 수립을 위해 시간과 공간을 넘어 다양한 배움을 지원하는 그린스마트스쿨의 개념을 4가지로 정립했습니다.

학생활동 지원을 위한 유연하고 복합적인 공간을 마련하는 공간혁신, 탄소중립 및 기후 환경교육 실현이 가능한 그린 생태학교, 미래교육을 위한 학생 주도적인 활동 실현이 가능한 스마트교실, 마을 공동체와 복합 문화 공간으로서의 학교를 공유하는 학교마을 연계 교육이 바로 그것입니다.

그리고 학교 공간을 실제로 사용하게 될 주 사용자인 학생들에게, 사용자 참여 디자인의 취지 및 목적을 설명했습니다. 학생들이 학교의 주인으로서 가지고 싶은 공간이나 후배들에게 마련해 주고 싶은 공간에 대한 아이디어를 모아 줄 것을 부탁했습니다. 이후, 우리 학교 동문, 학부모, 주변 마을 주민들에게 그린스마트스쿨에 대해서 안내하고, 우리가 지향하는 미래교육이 실현 가능한 학교에 대해 공유하는 시간을 가졌습니다. 아울러 이분들에게 아름다운 학교, 미래 비전에 걸맞은 학교 디자인의 아이니어를 구했습니다.

교직원과 협의체 위원들과는 미래를 준비하는 참삶교육 실현이라는 학교의 미래교육 비전을 공유하고, 학교의 교육목표인 '따뜻한 민주시민이 커 가는 학교'를 만들기 위한 구체적인 방향을 논의했습니다. 학습의 즐거움이 가득한 학교, 개성과 다양성이 존중받는 학교, 미래 핵심 역량을 준비하는 학교를 만들어 궁극적으로 학생들의 행복한 넘치는 학교를 만들기로 다짐했습니다. 우리는 학생 주도적인 활동 중심의 미래교육과정 실현을 위한 공간 구성, 삶과 쉼이 함께하는 녹색 환경, 그리고 마을과 연계하여 교육공동체로서의 협력을 위한 학교 공간 구성에 합의하고, 사용자 참여 디자인 방안에 대해 고민하며 아이들의 웃음소리가 넘쳐날 새로운 학교에 대한 꿈을 키워 갔습니다.

학교 공간혁신 실천 사례 탐구 및 전국 인사이트 투어

그린스마트스쿨의 성공을 위해서는 우리 학교보다 먼저 학교 공간을 혁신한 학교의 다양한 실천 사례를 탐구하는 것이 우선이라고 생각했습니다. 교직원들을 중심으로 지역적 요건과 학교의 특수성을 고려하여 공간혁신을 마무리한 각급 학교의 사례와 사용 후기를 공유했습니다. 그 과정에서 우리 학교가 벤치마킹할 요소들을 발견하게 되었습니다. 전국적으로 학교 공간혁신 사례를 담은 웹사이트를 서칭하고, 공간혁신 관련 연수에 참석하여 학교 공간 사용에 대한 이해의 폭을 넓혀 갔습니다. 아울러 마을 연계 교육과정 실현을 위한 학교 혁신 프로그램에 관심을 갖고 심도 있는 논의를 시작했습니다.

우리 교직원들은 2년 동안 24개 학교와 기관을 방문했습니다. 아울러 9개 학교와 기관을 웹서칭하여 공간혁신에 대한 이해의 폭을 넓혔습니다. 우리가 웹사이트를 통해 온라인으로 공간 투어를 상당히 진행하였음에도 불구하고 직접 방문한 현장의 분위기는 달랐습니다. 인사이트 투어를 통해 공간이 혁신된 학교의 실제 모습, 재건축이나 리모델링 과정에서의 어려움, 공간혁신 이후에 직접 사용해 본 생생한 사용 후기 등은 우리가 성공적인 공간혁신을 위해 무엇을 해야 하고, 어떻게 준비해야 하는지를 보여 주는 등불이 되었습니다. 우리는 학교가 아이들의 삶이 존중받고, 쉼이 있는 공간이 있고, 성장이 있는, 가치 있는 삶의 공간으로 변화하고 있음을 체험할 수 있었습니다.

미래교육 실현을 위한 교직원 워크숍, 컨설팅

그린스마트스쿨은 단순히 학교 건물만 현대식으로 바뀌는 것이 아닙니다. 우리는 사용자가 디자인한 새로운 학교 공간에서 미래의 주인공으로 살아갈 아이들에게 필요한 것이 무엇인지, 지역사회와 상생협력하며 함께 살아갈 방안이 무엇인지, 어떻게 하면 학교 구성원 모두가 행복한 삶을 살아갈 수 있을지에 대해 고민하며 학교교육과정에 이를 반영하는 것이 필요하다는 데에 의견을 모았습니다. 그래서 교직원들의 전문성 신장을 위한 워크숍과 각종 연수를 진행하였고, 외부 전문가를 초청하여 컨설팅도 실시했습니다.

우리가 만드는 행복학교 사용자 참여 디자인 학생 프로젝트

그린스마트스쿨 사업 1년차인 2021학년도는 사전 기획단계입니다. 우리는 '우리가 만드는 행복학교' 시즌 1 학생 프로젝트로 사용자인 학생들을 대상으로 사용자 참여 학교 디자인 프로젝트 교육을 실시했습니다. 학생들은 기존의 학교 건물에 대해 '교도소 모양이다, 다 똑같다, 답답하다, 쉴 공간이 없다' 등 부정적인 이미지를 가지고 있었습니다. 그래서 1, 2학년 학생들에게 '그렇다면 우리가 원하는 학교를 어떻게 만들어 볼까?'라는 논제를 제시하고, 학생들의 관심을 유도했습니다. 다행히 많은 학생들이 호기심을 가지고 참여해 이 프로젝트가 성공할 수 있다는 분위기가 만들어졌습니다.

우리는 학생들과 협의하여 이번 프로젝트 주제를 '학교의 주인인 우리가 만드는 행복학교'로 정하고 2021년 12월에 관련 프로그램을 운영했습니다. 학년말이었기 때문에 공교육 정상화를 위한 교과 융합 프로젝트를 실시할 수 있는 조건이 되었고, 다행히 전 교직원과 학생들이 한마음으로 참여했습니다. 우리들은 새 학교에 대한 설렘과 동참의 분위기가 속에 기분 좋은 시간을 함께하며 공부할 수 있었습니다.

1학년은 자유학년제 진로 탐색 및 교과 활동과 연계한 학급 및 홈베이스 구성, 실내 중정 만들기, 특별실의 공간에 대한 탐구 및 디자인 활동으로 진행하였고, 2학년은 교과융합 활동으로 운영하면서 학생들이 주로 사용하는 디지털 스마트교실, 프로젝트실, 다목적 도서실, 체육활동실 등에 대한 탐구를 했습니다. 이후에 학생들의 다양한 아이디어를 종합하여 학교 건물에 대한 디자인 활동을 할 수 있었습니다.

드디어 우리는 2021년 12월 22일(수), 체육관에서 학생 프로젝트 결과 발표회를 가졌습니다. 프로젝트에 참여했던 발표팀 학생, 교직원, 사전기획가, 마을 주민, 협의체 위원 등이 함께했습니다. 학생들은 친구들과 협의하여 만든 학교 공간 디자인 결과물을 발표했고, 사전기획가와 전문가들의 강평도 들었습니다. 이날 발표한 결과는 그린스마트스쿨 협의체 위원들에게 전달하고, 사전기획가의 사전기획안에도 반영했습니다. 다행스럽게도 우리의 노력은 2022년 4월 세종시에 진행된 교육부 주관 사전기획 결과 심사회에서 실제 사용자가 참여한 우수 디자인 사례로 평가 받아 많은 찬사를 받았습니다.

해가 바뀌어 2022학년도가 되었습니다. 교직원들이 바뀌고 신입생도 새로 맞이했습니다. 우리는 2021학년도와 연계하여 시즌 2로 진행되는 설계단계 '우리가 만드는 행복학교 시즌 2' 학생 프로젝트를 운영했습니다.

신입생들에게는 그린스마트스쿨 사업에 대한 교과 연계 교육을 실시하여 앞으로 전개될 우리 학교의 미래를 설계할 수 있도록 했습니다. 그리고 2, 3학년 학생들에게는 2021학년도 프로젝트 결과물과 이를 반영한 사전 기획단계 그린스마트스쿨 사전기획 결과 보고서를 공개했습니다. 학생들은 자신들이 요구한 내용들이 보고서에 반영된 사실에 놀라워하며 매우 흐뭇해했습니다.

2022학년도에는 변경된 스페이스 프로그램을 바탕으로 학생들이 학교 공간에 대해 요구한 내용들을 재수합하고, 이를 반영한 사용자 참여 디자인 안을 자율공모형 프로젝트로 진행하겠다는 공지를 하였습니다.

드디어 2022년 8월부터 11월까지 4개월 동안 '우리가 만드는 행복학교 시즌 2'가 시작되었습니다. 이번에는 자율공모형 프로젝트로 무학년제로 운영했습니다. '학교 공간별 학생 요구사항' 전시물을 참고로 하여 각 팀별로 디자인할 공간을 선정하고 그 공간의 사용 계획과 방향에 어울리는 공간 구조물을 제작할 수 있도록 안내했습니다. 시즌 2에는 학생과 지도교사로 구성된 13개 팀이 참가하여 여전히 학교 공간 구성에 대한 깊은 관심을 보여 주었습니다.

오랜 기간 그리고 긴 호흡으로 진행한 프로젝트였기에 학생들의 집중력이 흐려지기도 하고 팀 내 협업에서 갈등을 빚는 등 작은 고비들도 있었습니다. 그렇지만 우리가 만드는 그린스마트스쿨의 최종 목표 달성을 위한 노력은 멈추지 않았습니다. 학생들은 프로젝트 이행 과정에서 구간별 세부 목표를 설정하고 그 목표에 맞는 여러 가지 과정 수행, 그리고 구성원들 간의 갈등 관리 등의 능력이 신장된 것에 대해 큰 의미와 보람을 느꼈다고 말했습니다. 지도교사들도 학생들이 갈등을 관리하며 스스로 커 가는 모습이 뿌듯했다고 이야기했습니다. 2차로 진행한 프로젝트 결과물을 공유하고, 발표를 참관한 일반 학생들과 학부모들은 '프로젝트 참여에 대한 용기를 내지 못한 게 너무 아쉽다, 이렇게 편안한 학교가 만들어진다면 진심으로 학교가 오고 싶어질 것 같다, 우리 아들들이 원하는 학교는 이런 곳이라는 것이 놀랍다, 학생들의 생각과 의견이 설계 과정에 꼭 반영되었으면 좋겠다. 학교가 공부하면서 쉬기도 하는 공간이 있어서 우리 아이들의 학교생활이 행복하고 만족스러우면 참 좋겠다' 등의 다양한 소감을 밝혔습니다.

교직원과 학부모의 학교 공간 구성 의견 반영

미래학교의 목표는 기본적으로 다양성을 기반으로 합니다. 창의 융합 교육, 그리고 민주시민 교육이 필수적입니다. 우리는 이에 맞추어 교육 대전환을 위한 학교 수업의 변화를 준비했습니다. 그린스마트스쿨은 학교 전체가 배움의 공간이 되어야 한다고 생각했습니다. 배움의 공간, 쉼의 공간, 표현의 공간, 마음을 키우는 공간이 있어야 한다고 의견을 모았습니다. 그러기 위해서는 그린스마트스쿨이 시대의 변화와 미래사회 과제에 대응하는 공간의 가변성을 추구해야 한다고 판단했습니다. 그래서 우리는 학교에서 어떤 배움을 실현할 수 있을지에 대해 고민했고, 그것을 실현하기 위해서 시설 환경을 어떻게 만들고 그것을 어떻게 활용할 것인지에 대한 비전과 목표를 공유했습니다. 그 비전과 목표를 설정하고 추진하는 과정에서 모든 구성원이 주인의식을 가지고 참여했습니다. 물론 학생의 다양한 의견을 수렴하여 이를 반영하는 것도 중요하지만, 학교의 또 다른 주체인 교직원과 학부모의 의견도 존중하는 것이 마땅하다고 생각했습니다. 그래서 우리 학교는 각 교과별로 미래교육과정 구성과 실현이 가능하면서도 아이들이 인전히고 풍부한 교육활동을 한 수 있는 공간 구성에 고민을 했습니다. 어른들의 삶의 연륜과 전문성을 반영하여 각 공간별로 요구한 디자인을 수렴하여 협의체에 전달하면서 이것이 적극 반영될 수 있도록 요구했습니다.

마을 연계 교육과정 실현을 위한 프로젝트

학령인구 감소 시대에 구도심에 위치한 우리 학교는 직격탄을 맞았습니다. 해마다 학급 수가 줄면서 재학생의 수도 줄어들고 있습니다. 향후 10여 년간은 현행 학생 수가 그대로 유지될 가능성이 크지만 그 이후에는 현저하게 감소할 것으로 예상됩니다. 물론 여수시의 도시계획에 따라 달라질 수 있겠지만 여수교육 1번지로서의 그 역할을 다해 온 여수중학교의 명성을 유지하기 위해서는 마을과의 연계가 필수적이라는 생각을 했습니다. 우리는 학교 주변 마을을 교육공동체로서 받아들여 지역과 상생 파트너십을 발휘하고, 네트워크를 형성하기 위해서는 다양한 체험활동 프로그램을 공유할 필요성이 있다고 판단했습니다. 그래서 여수자율혁신학교를 신청하여 그 예산으로 마을 연계 프로젝트를 운영했습니다. 이 프로젝트는 2022학년도 7월에 교과융합 프로젝트로 실시했습니다. 1학년은 우리 마을 생태환경 개선 프로젝트, 2학년은 학교 4동사 입구 환경 조성 및 벽화 디자인 프로젝트, 3학년은 우리 마을을 홍보하는 지도 및 리플릿 제작 프로젝트를 주제로 하여 프로그램을 운영하면서 마을과의 연계와 상생 방안을 찾았습니다.

탄소중립 실천 및 그린학교 조성을 위한 프로그램 운영

그린스마트스쿨에서 그린은 학교를 생태 문명 전환의 학습장이 될 수 있도록 건물과 교육이 연동되는 학교입니다. 우리 학교는 그린스마트스쿨 추진 단계에 있지만 학교 구성원들이 세계 기후 위기에 대한 경격심을 가질 필요가 있다고 판단했습니다. 그래서 '생태학교 중심 학교 공간 재구조화' 그린학교 조성을 위해 학생자치회 학생들과 함께 그 구체적인 실천 방안을 논의했습니다. 올해 우리는 매일 클린 동아리 활동 전개, 1회용 플라스틱컵-물병 없는 학교 만들기 운동, 급식 다 먹는 날 운영으로 잔반 없애기 교육을 실시했습니다.

결론 및 향후 추진 과제

우리 학교는 1946년에 개교한 이래 여수지역 명문 학교로서 여수교육 1번지의 위상을 가지고 지역사회에서 교육의 거점으로서 중추적 역할을 수행하고 있습니다. 그러나 건축물의 노후화되고, 학교 공간이 무질서해서 미래교육을 적용하기에는 한계를 지니고 있습니다. 따라서 학생들의 꿈을 지원하고 학생들과 함께 성장하며 미래 역량을 키우기 위해서는 유연한 학교 공간 건축이 필요하다고 판단되어 그린 스마트스쿨을 추진하게 되었습니다.

우리는 사용자 참여를 통해 새로운 학교 문화를 구축한다는 신념하에 학생, 교직원, 학부모, 지역주민 등 사용자의 직접적인 참여를 통해 민주적 의사 결정과 사용자 중심의 공간과 문화를 만들기 위해 노력했습니다. 또한, 사용자의 필요와 교육과정이 하나가 된 공간 조성을 위해 미래교육을 위한 디지털 기반의 교수학습과 학생들의 자기 주도적 학습 역량을 기르기 위한 환경 조성을 계획했습니다. 특히, 지역사회와의 개방성과 통합성, 유연성을 가진 미래학교를 조성하기 위해 고민했습니다. 학교가 지역사회와 연계되고 학교의 비전과 목표, 교육과정에 부합한 다양한 진로 탐색과 설계가 가능한 학교, 창의적 체험활동이 가능한 다양성하고 유연한 공간을 가진 미래학교의 모델을 개발하기 위해 힘을 모았습니다.

우리는 건물 착공 이후 학생들이 안전하게 학습하고 생활할 수 있는 공간과 안정적인 교육과정 운영을 위한 대비책을 마련하고 있습니다. 단순히 노후 건물과 학교 환경을 개선하는 것에 그치지 않고 학생들이 미래사회를 살아갈 삶의 역량을 키우고, 다양한 꿈과 도전을 실현할 수 있는 공간으로 학교를 변화시킬 것입니다. 그린스마트스쿨 사업에 대해서는 새학년 집중 준비기간을 활용해서 새로운 학교 구성원과 공유하고 학생자치회를 통해서 그린스마트스쿨에 걸맞은 교육 프로그램들을 개발해낼 것입니다. 또한, 우리는 마을 연계 교육 프로그램, 기후환경 교육, 학생을 중심에 둔 교육, 특기와 적성을 개발하는 자율활동, 자유학기제 활성화와 학생 동아리 활동 기반 교육과정 운영에 관심을 가질 것입니다. 그리고 교사 완공 이후 여수시, 전라남도 등의 학교 숲 지원사업에 공모하여 Eco-Green 학교 만들기 사업을 지속적으로 추진하고자 합니다. 변화하는 시대의 흐름 속에서 우리의 그린스마트스쿨은 인간과 자연이 공존하고, 스마트가 소통과 연대의 장으로 확대되어 미래지향적 인재를 기르는 산실로 탈바꿈할 것입니다. 그래서 아이들의 웃음소리가 교실과 운동장에 가득 넘쳐나는 행복학교를 꿈꾸어 봅니다.

물 이야기

깊은 산 속 어둔 밤길 헤매어도
별 달 더불어 인생 얘기하고
덩치 큰 바윗돌 앞길 막으면
들꽃에게 길 묻고 물어
아래로 아래로 내려가지요

높고 귀한 자리 다투지 않아요
무뚝뚝한 경상도 사내처럼
구수한 전라도 아낙처럼
그저 착하고 고운 친구 기다리는
낮은 곳으로 낮은 곳으로 찾아가지요

인기 많은 음료처럼
영양 높은 우유처럼
내집 받긴 못 해도
변하고 썩어서 버려지는
유효 기간 인생 몰라요

마음의 철조망도 없고

서로의 출신지 묻지 않으며

친구 얼싸안고 등 토닥이면서

알뜰살뜰 넉넉한 삶

그렇게 살아가지요

학부모 민원 처리

학부모 민원으로 괴로운 학교

교사의 삶이 아무리 힘들고 어려워도 학부모 민원만 없다면 교직은 가치 있고 보람된 일이기에 교사들에게 충분히 매력 있는 직업입니다. 아무리 문제행동을 일으키는 학생이 있다고 해도 교육전문가인 교사들은 사랑으로 선도할 수 있습니다. 학생들의 바른 성장을 위해서 어려움을 얼마든지 감내할 수 있습니다. 그러나 학부모들은 학생지도 과정에서 생긴 사소한 일들까지 간섭하고, 항의합니다.

각 가정에서 한 명, 또는 두 명밖에 안 되는 아주 귀한 자식들인 만큼 이 아이들이 각 가정에서 경험할 수 없는 다른 학생들과의 갈등을 스스로 해결하며 사회에 적응할 수 있는 힘을 길러 주어야 하는데, 사사건건 민원을 제기합니다. 어떤 학부모는 본인이 제기하는 민원이 합당하지 않더라도 교사가 친절하게 응대해 주기 때문에 점점 자신의 생각이 맞다는 확신을 가지고 민원에 민원을 더해 갑니다. 맘카페 등에서 다른 학부모들을 동원해서 학급 전체의 일로 키우기도 하면서 담임교사를 학생지도에 아주 능력 없는 교사로 만들기도 합니다. 교사의 교육적 행위들을 학부모들의 입장에서만 판단하여 불공정하다고 합니다. 교사가 학생교육을 열심히 하면 할수록 민원도 많아집니다. 학부모들로 인해 자괴감을 가지는 교사들이 늘어나고 있습니다. 좋은 교육을 해 보겠다는 꿈을 갖고 들어온 교직이 회의감마저 듭니다. 교사로서 아무것도 할 수 없다는 무력감이 교직생활을 힘들게 합니다.

얼마 전 뉴스에 소개되었던 민원 사례가 대표적입니다. 학생들의 말만 듣고, 학부모가 악성 민원을 제기한 것입니다.

자녀의 초등학교 전교 부회장 당선이 취소된 후 교장과 교감을 아동학대로 신고하고, 학교에 관련 없는 자료 300여 건을 요구해 교육활동을 방해한 사건입니다. 이 학부모는 지역 맘카페에 교장과 교감에 대한 허위사실을 올리고, 학교를 상대로 7건의 고소·고발과 8건의 행정심판을 청구했습니다. 학교와 교육지원청을 대상으로 29회에 걸쳐 300여 건의 정보공개 청구를, 교육지원청을 상대로 24건의 국민신문고 민원도 접수했습니다.

또, 대학수학능력시험에서 자녀를 부정행위자로 적발한 감독관의 학교를 찾아가 항의와 폭언을 한 것으로 전해진 학부모가 교육청에 의해 고발된 사건도 있습니다. 유명 강사이자 변호사로 알려진 이 학부모는 자녀가 명찰에 적힌 감독관 이름을 기억해 알려 주자 학교마다 전화를 걸어 교사의 재직 학교를 찾아냈다고 합니다.

교사를 상대로 한 이러한 악성 민원은 교사의 방어 체계가 없는 상황에서 교육현장을 황폐화시킵니다. 미성숙한 학생들을 잘 가르쳐 그들의 성장을 책임지는 자리에 있어야 할 교사들이 설 자리가 없습니다. 악성 민원 대응으로 인해 학생들의 성장 과정에서 커다란 영향력을 미치고 있는 교사들의 에너지가 소진되고 있습니다. 교육기본법 제14조 ①항에 '학교교육에서 교원(教員)의 전문성은 존중되며, 교원의 경제적·사회적 지위는 우대되고 그 신분은 보장된다.'라고 규정되어 있음에도 불구하고 그 전문성이 존중되기는커녕 각종 학부모 민원으로 인해 괴롭습니다. 신분까지 위협받고 있습니다.

다행스럽게 최근 '아동학대범죄의 처벌 등에 관한 특례법' 개정안이 국회 본회의에서 최종 의결됐습니다. 개정안은 교원의 정당한 교육활동과 학생 생활지도는 아동학대로 보지 않도록 하는 내용입니다. 교원이 아동학대 범죄로 신고됐을 경우엔 이를 수사하는 경찰이나 검찰이 관할 교육감 의견을 의무적으로 참고해야 한다는 내용도 담겼습니다. '서이초 교사 사망 사건'을 계기로 불붙은 '교권 보호' 법안 중 하나입니다. 이 개정안은 교사의 정당한 교육권과 학생의 학습권이 상호 존중되는 학교를 만들기 위해 필요한 법안입니다.

이 법이 시행됨으로써 교원이 아동학대 범죄로 신고된 경우에 정당한 사유 없이 교원의 직위해제 저분이 세한되고 학부모의 익성 민원으로부터 교원의 교육 활동을 어느 정도 보호할 수 있을 것입니다. 교육활동 침해행위로 학부모가 악성 민원을 반복적으로 제기하거나 교원의 법적 의무가 아닌 일을 지속적으로 강요하는 행위 등으로 규정되었으므로 교원들의 심리적 고통은 조금이나마 줄어들 수 있을 것입니다.

학생들은 얼마나 힘들까

문제행동을 하는 학생들은 대부분은 가정에 문제가 있는 경우가 많습니다. 학생들은 부모의 과잉 기대에 힘들어합니다. 부모의 과도한 기대에 주눅이 듭니다. 부모의 기대감에 대한 압박감 때문에 학생들은 자신이 기대에 미치지 못한다는 생각에 좌절감을 느낍니다. 한껏 기대하고 있는 부모의 그물에 갇혀 옴짝달싹할 수 없습니다. 그래서 그 부모의 기대를 완전히 꺾어 버리기 위해 학교에서 비행을 저지르는 경우가 많습니다. 학생들이 우울해 보이거나 배가 자주 아프다고 하는 증상들은 부모의 기대에 미치지 못한 핑곗거리를 찾기 위한 과정입니다.

반면에 부모의 무관심으로 인해 보살핌을 충분히 받지 못한 학생들도 많습니다. 이들은 애정결핍병에 걸렸습니다. 사랑에 배고파합니다. 사랑을 받은 적이 없으니 사랑을 간절히 갈구하는 것입니다. 심지어 부모로부터 아동학대를 당하고 있는 학생들은 더욱 사랑에 목말라 있습니다. 꾸중과 냉대 속에서 자란 학생들의 마음은 분노와 울분으로 가득 차 있습니다. 이런 학생들은 학교 성적도 낮고, 생활 습관이나 태도도 부정적이어서 누구에게도 칭찬받기 힘듭니다. 그래서 쌓이고 쌓인 분노와 스트레스를 학교에서 폭발시킵니다. 학교는 이런 학생들의 비행을 눈 뜨고 볼 수 없을 지경이 되었습니다.

학생 비행의 배경에는 가정이 있음을 배제하기 어렵습니다. 부모가 자녀들의 감정을 읽어 주지 못하기 때문입니다. 특히, 자녀를 형제, 자매나 다른 집 아이들과 비교하는 이야기는 학생들의 정신과 정서에 깊은 영향을 주어 신체적 이상 현상까지 일어나기도 합니다.

이렇게 가정에서부터 문제가 있는데도 학부모들은 비행을 저지르는 학생의 책임은 학교에 있다고 강변합니다. 학교에서 친구를 잘못 사귀어 그렇게 되었다고 합니다. 집에서는 착한 아이인데 교사의 친절한 교육이 없어서 나쁜 아이가 되었다고 억지를 부립니다. 또한, 그 또래 아이들은 누구나 다 그런 행동을 하면서 자라는 것이라고 주장합니다. 우리 아이만 색안경 쓰고 나쁘게 보는 것 아니냐며 언짢아하기도 합니다. 가정에서는 아무 문제가 없는 아이인데, 학교에서 문제를 일으켰으니 학교가 잘못한 것이랍니다. 그래서 학교가 책임을 지는 것은 당연한 것이라고 주장합니다. 모든 일에는 원인이 있습니다. 그 원인을 제대로 알지 못하고 결과만 가지고 판단하고 남 탓을 하면서 교사와의 갈등이 깊어집니다.

부모가 완벽한 아이를 원하는 만큼 학생도, 학교도, 교사도 힘들어집니다. 학생들을 있는 그대로의 모습으로 사랑해야 하는데 현실은 그렇지 않으니 오죽했으면 '좋은 학교는 학부모가 학교교육에 무관심한 학교가 최고'라는 말까지 나오겠습니까? 이렇게 학부모 민원은 정말 무섭습니다. 학생교육에 써야 할 에너지가 민원 해결에 소진되기 때문입니다.

교사 완벽주의에서 벗어나자

학부모는 교사에게 완벽함을 요구합니다. 공부도 잘 가르치고, 상담도 잘해 주고, 학생들의 마음을 잘 읽어 주며 친구처럼 가까워지기를 원하면서도 학생들의 잘못에 대해서는 엄격하게 꾸짖어 사람다운 사람을 만들어 주기를 바랍니다. 그러나 모든 일을 완벽하게 해낼 수 있는 교사는 없습니다. 학생과 학부모의 요구를 완전히 수용할 만한 능력을 가진 유능한 교사가 되는 것은 불가능합니다.

교사는 원칙에 충실한 삶을 살았기에 선을 벗어나면 안 된다는 강박관념을 가지고 학생들을 만나고 있습니다. 교사들은 스스로 이건 이래야 하고 저건 저래야 한다는 원칙을 벗어났을 때 마음이 편하지 않습니다. 그래서 그 선을 지키려고 부단히 애씁니다. 스스로 알아서 잘하는 아이, 학교에서 모범적인 아이로 불렸던 교사들은 주어진 일에 최선을 다합니다. 그래서 학부모가 학교를 방문하면 깨알같이 적어 놓은 교무 수첩을 보면서 비행학생들의 불성실한 학교생활을 알려 줍니다. 자식의 잘못된 점을 확실히 알게 된 학부모의 입장에서는 자녀에 대한 기대가 사라지니 근심이 앞섭니다. 사춘기 자녀의 문제행동을 고치기도 어려우니 난감합니다. 그래서 교사가 더욱 미워집니다. 이런 악순환이 되풀이되면서 학생과 학부모가 교사를 불신하게 되는 것입니다. 선 밖을 벗어난다고 인생이 끝나는 건 아닙니다. 오히려 우리가 잘 모르는 또 다른 새로운 인생의 시작될 수 있습니다. 선 밖에도 또 다른 멋진 삶이 얼마든지 있을 수 있습니다.

교사가 완벽주의를 추구하면 자신을 틀 안에 가두어 힘들어집니다. 늘 부족하다는 감정이 자신을 휘감고 있기 때문입니다. 삶에서 여유가 없어져서 늘 불안합니다. 무언가를 더 해야 할 것 같습니다. 다른 사람은 앞으로 쭉쭉 잘 나가는데 나만 가만히 앉아 있는 것 같아서 고민이 많아집니다. 열심히 학교생활을 하면서도 성취해 놓은 것이 없다는 느낌이 들어 스스로를 학대합니다. 교사의 완벽주의가 심해지면 학생들에게도 완벽을 요구합니다. 수업에 잘 참여하지 않는 학생, 태도가 바르지 못한 학생, 말을 함부로 하는 학생을 두고 볼 수 없습니다. 시험문제 원안 등 제때 제출해야 할 서류들을 미루는 동료 교사에게도 울화통이 터집니다. 내가 통제할 수 없는 것까지도 통제하려고 하기 때문에 에너지가 과도하게 소진됩니다.

그리고 완벽주의자는 교장, 교감 등 상사는 물론 학부모나 동료 교사의 기대에도 호응하기 위해서 자신이 진정으로 하고 싶은 일을 할 수가 없습니다. 그들에게 좋은 평가를 받기 위해서 더 열심히 일해야 합니다. 내가 기준이 아니라 다른 사람이 기준이기 때문에 잘할 수 있는 일을 더 잘해서 칭찬받고자 합니다. 그러니 자신이 없는 일은 아예 시도조차 하지 않습니다. 학창 시절부터 어른들의 기대를 저버리지 않고 모든 일에 최선을 다해온 교사들은 이런 완벽주의에 빠지기 쉽습니다. 남의 기대에만 부응하기 위해 살아가기 때문에 하루하루가 더욱 힘들어집니다.

그래서 학부모들을 만나면 늘 불안합니다. 긴장도 됩니다. 자칫하면 나의 부끄러운 모습들이 드러날까 두렵기까지 합니다. 본래의 나와 다른 모습으로 학부모를 대하니 더욱 힘들어집니다. 우리는 알아야 합니다. 교사는 완벽하지 못합니다. 이 세상에 그 누구도 완벽하지 않습니다. 완벽하지 못한 것이 부끄러움이 아닙니다. 그럴 필요도 없습니다. 완벽하지 못한 만큼 교직생활을 해 가면서 그 부족한 부분을 조금씩 채워 가면 됩니다. 완벽하지 못하기 때문에 더 노력하며 열심히 살아갈 수 있습니다. 학생들을 사랑으로 대하는 마음가짐이 있으면 됩니다. 교사의 본업은 학부모의 민원을 처리하는 데 있는 것이 아니라 학교에 온 학생들과 한 번이라도 더 눈을 맞추고, 한 마디라도 더 나누는 데 있기 때문입니다.

원칙을 고수하려는 강박관념을 내려놓으면 교사가 학생들을 바라보며 지도하는 마음도 훨씬 너그러워집니다. 학생을 이해하면 용서하지 못할 것이 없습니다. 교직을 이행하면서 완벽주의를 포기한다고 교사로서의 삶이 무너지는 것은 아닙니다. 오히려 삶을 더 여유롭게 살면서 학생들을 보는 마음이 너그러워집니다. 학생들의 실패나 실수를 용납하지 못했는데 그것이 배움의 한 과정이라고 생각하게 됩니다. 큰 목표를 세워 놓고 날마다 그것을 달성하기 위해서 전력하는 것이 삶의 전형이라고 여겼는데, 이제는 목표를 이루지도 못해도 자신의 삶을 즐길 수 있는 여유를 가질 수 있습니다. 마음을 꽉 채운 목표의식이 없을수록 오히려 좋은 교사가 되어 갑니다. 학생과 학부모가 좋아하는 교사가 되는 것입니다.

송엽국

좀 게으르면 어때
해 뜨면 꽃피우고
달 떠오르면 움츠리는 게 당연하잖아
밤늦게까지 꽃피워야만 하는 게 아니잖아

키 좀 작으면 어때
땡볕도 눈보라도 이겨 내면서
혼자 힘으로 이렇게 살아왔잖아
사시사철 젊음으로 푸른 삶 이어가잖아

철이 좀 없으면 어때
꼭 봄에 꽃피우고 가을에 열매 맺어야만 하나
봄가을 쉬지 않고 꽃피울 수도 있는 거잖아
계절 없이 청춘으로 살 수도 있는 거잖아

학부모와 긍정 관계로 민원 줄이기

학부모의 민원을 없애기는 어렵지만 민원을 줄이기 위한 좋은 방법은 있습니다. 학생과 좋은 관계를 맺는 것입니다. 평소에 학생과 좋은 감정을 주고받는 것입니다. 우선 학생의 말을 끝까지 들어주면서 눈을 맞추며 호응하는 것입니다. 학생뿐만 아니라 인간관계에서 친하게 지낼 수 있는 방법은 감정을 읽어 주는 것입니다. 감정이 통해야 친해집니다. 성명, 이름, 주소, 직업, 가족 관계 등 그 사람에 대해 속속들이 알아도 감정이 통하지 않으면 친해지지 않습니다. 그래서 학생들과 긍정적인 관계를 형성하기 위해서는 그 감정에 호응하는 것이 우선입니다. 앞에서도 언급했습니다만, 학생들의 말을 끝까지 들어주기, 어떤 경우에도 학생의 목소리보다 크지 않게 말하기의 실천이 필요합니다. 충분히 들어주고 차분하게 낮은 목소리로 학생의 감정을 읽어 주면 학생들과 친하게 지낼 수 있습니다.

학부모들은 교사에 대한 정보를 학생을 통해서 듣기 때문에 학부모에게 교사의 첫인상은 평상시에 교사가 학생을 어떻게 대했느냐에 따라 결정됩니다. 그래서 학부모에게 학생의 문제행동에 대해 곧바로 이야기하는 것은 학부모의 방어적 태도를 불러오기 쉽습니다. 학생의 장점이나 긍정적 행동에 대해 먼저 이야기하는 것이 좋습니다. 다만, 칭찬이 길어지는 것은 바람직하지 않습니다. 교사가 학생을 부정적으로 대하는 것이 아니며 학생의 장점과 단점을 균형 잡힌 시각으로 보고 있다는 것을 알려 줄 수 있는 정도의 칭찬이 필요합니다.

교사가 학부모와 대화할 때는 학부모가 그 일을 어떻게 인식하고 받아들이는지를 살피는 것이 중요합니다. 교사는 눈코 뜰 새 없이 바빠서 학부모와의 상담도 빨리 해결해야 할 업무로 인식하기 쉽습니다. 그래서 학부모의 의견에 공감하는 시간을 갖기보다는 학생과 관련된 사실 지향적 대화를 중심으로 상담을 이어갑니다. 사실 중심의 대화는 학생들의 비행이 그 근간입니다. 그래서 학부모는 기분이 몹시 상합니다. 그래서 교사의 말에 한마디 실수라도 일어나면 그것을 빌미로 민원을 유발합니다. 그래서 학부모와의 대화에서는 관계 지향적 대화가 필요합니다. 따뜻한 차 한 잔을 대접하고 학부모와 친근감이나 신뢰감을 형성하는 것이 우선입니다. 그런 이후에 학생과 관련한 내용을 있는 그대로 전달하는 대화를 해야 합니다.

　피해학생의 학부모는 학생의 피해 상황에 대해 감정적으로 반응합니다. 가해학생의 학부모는 자녀의 처벌을 최소화할 목적으로 학교와 교사가 사건을 처리하는 과정에서 작은 실수에서 꼬투리를 잡으려고 합니다. 어쩌면 학부모가 자식을 감싸는 것은 당연한 일입니다. 학부모 입장에서는 '행여 자신의 아이가 밉보여 불이익이 생기지 않았나' 하는 의구심을 갖습니다. 자녀의 잘못은 곧 자신의 잘못이라는 의미로 받아들이기 때문입니다. 잘못을 인정한다는 것은 곧 자신이 자녀 양육을 잘못했다는 의미와 같습니다. 그래서 자녀의 잘못을 인정하지 않고, 이런저런 꼬투리를 잡아서 자신의 잘못을 희석하려고 합니다. 학부모는 대부분 자녀의 문제행동에 대해 이미 알고 있는 경우가 많습니다. 그래서 오히려 가정에서 잘못이 많을수록 더 강하게 교사를 공격할 수도 있습니다. 그러면 일을 처리하는 과정에서 교사의 사소한 잘못이 2차 사안으로 발생하여 최초의 사건은 묻히게 되며 2차 사안이 더 큰 문제가 되기도 합니다.

그래서 교사는 학부모의 감정적 반응에 일일이 대응하지 말아야 합니다. 사람이기 때문에 감정이 욱하고 올라올 수 있겠지만 놓치지 말아야 할 것은 최초 상황입니다. 교사의 말 한마디와 작은 행동 하나가 꼬투리가 되면 오히려 피해자와 가해자 모두의 공격을 받을 수 있습니다. 교사는 학부모의 심정을 충분히 공감하고 이해하며 경청해야 합니다. 교사의 생각이나 감정을 얘기하지 않고 사실에 근거해서 문제행동을 객관적으로 설명해야 합니다. 이때도 직접적인 이야기보다는 그동안 학생의 행실을 기록해 놓은 기록물이나 상담일지 등을 복사하여 학부모가 읽어 보게 하는 것이 더 좋습니다. 평소에 상담일지를 꼼꼼히 쓰는 습관을 갖고, 학생의 잘못된 행동뿐만 아니라 칭찬받을 만한 일들을 사소한 것이라도 적어 두는 것이 불시에 걸려오는 상담 전화나 학부모의 민원에도 당황하지 않을 수 있습니다.

이렇게 객관적 사실 중심의 기록은 사건의 본질과 발생 횟수를 정확하게 전달할 수 있어서 학부모의 민감하고 과도한 대응을 막아낼 수 있습니다. 객관적 자료의 중요성을 꼭 인식해야 합니다. 말로만 이야기를 하다 보면 감정이 섞일 수밖에 없고 그 감정 속에서 조금이라도 부정적인 느낌을 받는다면 학부모는 교사가 아이를 미워하고 있다고 편견을 가지게 됩니다.

다시 말하면 학부모는 '선생님께서 내 마음을 알아주는구나!'와 같은 공감이 먼저 이루어져야 교사의 말을 수용할 수 있습니다. 그래서 교사는 학부모가 말하는 내용과 기분을 이해하도록 노력해야 합니다. 사건이 생겼을 때는 먼저, 현재 학부모의 낙담된 심리 상태를 이해해야 합니다. 그리고 교사는 학생에 대한 좋지 않은 감정에서 벗어나야 합니다. 학부모의 요구와 염려에 대해 귀 기울이면서 그동안 학생을 위해 애쓴 학부모의 노고도 인정해 줘야 합니다. 교사가 자녀의 바른 성장에 지금까지 최선을 다해 노력해 왔고, 앞으로도 노력하겠다는 확신을 주어야 학부모도 공감할 수 있습니다. 그렇게 되면 학부모의 공격적인 자세가 바뀌고 문제해결을 위해 더 집중할 수 있습니다. 그리고 이후에 학부모에게 가정에서 학생을 어떻게 지도할 계획인지, 가정에서도 잘못된 행동들이 있는지에 대한 상담도 이루어져야 합니다.

경청 그리고 관계 회복

학부모가 화가 나거나 흥분해서 이야기할 때는 중간에 말을 자르거나 끼어들지 않고 끝까지 들어줍니다. 불만이나 항의를 할 때도 일단 충분히 들어주는 것이 중요합니다. 학부모의 이야기를 듣는 중에는 고개를 끄덕이며 공감을 표시해 주면 더욱 좋습니다. 학부모의 이야기를 다 들었을 때 교사가 미처 파악하지 못한 상황이 있다면 그 점에 대해서는 즉시 사과합니다. 그러나 그 사과는 어디까지나 교사가 미처 모르고 있었던 일에 대한 도의적 사과일 뿐입니다. 학부모가 말한 내용에 대해 사과를 하는 것은 더 큰 문제를 가져올 수 있습니다. 사과를 한 후에는 학부모가 알고 있는 것에 대해서 자세히 말해 달라고 요청합니다. 누가, 언제, 어디서, 무엇을, 어떻게 관련되어 있는지를 정확하게 파악합니다.

학부모의 항의로 인해 교사는 마음이 불편합니다. 그러나 이것이 학부모와의 관계를 회복할 수 있는 기회가 될 수 있습니다. 민원 처리 과정을 통해 교사의 마음이 다소나마 편안해질 수 있었다는 점에서 학부모에게 고마움을 표현하는 것도 좋습니다. "학부모님 덕택에 학생들의 문제를 알게 되어 고맙습니다. 다행히 제가 적절히 조치할 수 있게 되었습니다. 앞으로도 불편한 일이 있으시면 언제든지 연락을 주세요. 저도 자녀의 성장을 위해서 최선을 다해 노력하겠습니다."라고 감사의 인사를 드립니다. 그러면 학부모가 교사를 보는 눈이 달라집니다. 교사가 학생을 바라보는 눈도 사랑으로 변합니다. 이렇게 학생의 문제를 해결하는 과정에서 교사가 한 뼘 더 성장할 수 있는 기회가 되는 것임을 인식하고 학부모에게 최선을 다하는 자세가 필요합니다.

학부모를 상담할 때는 가장 힘든 사람은 학생과 부모임을 잊지 말아야 합니다. 학부모와 상담 과정에서 교사는 억울할 수 있습니다. 학생을 위해 지금까지 노력해 온 것은 온데간데없이 학부모로부터 비난만 받기 때문에 화가 치밀어 오릅니다. 그래서 자기방어를 하고 싶은 마음도 생깁니다. 교권이 이렇게 침해되어도 되나 하고 자괴감이 들기도 할 것입니다. 하지만 학부모의 공격에 마음이 흔들려서는 안 됩니다. 공무원은 친절의 의무가 있기 때문입니다. 공무원이 친절의 의무를 다하지 않았을 때 그걸 트집 잡아 또 다른 민원을 야기할 수도 있습니다. 흥분한 학부모의 태도에 동요되지 않고 침착할 수 있어야 프로 교사입니다. "학부모님, 얼마나 놀라고 속상하셨어요?, 학부모님, 마음이 많이 아프시죠? 우선 진정하셔요. 자리에 좀 앉으셔서 차 한 잔 하셔요. 그리고 아이에게 들은 이야기를 저에게 자세히 말씀해 주시겠어요?"라고 말하며 경청하는 자세를 갖추는 것이 좋습니다.

학부모와 상담하는 과정에서 학부모가 말하는 내용을 다시 한번 반복하거나 질문해 보는 것도 좋습니다. 그러면 학부모의 말에 숨은 의미나 본심을 파악해서 학부모의 의견에 공감할 수 있습니다. "부모님이 방금 말씀하신 것은 ~라는 의미인가요?, 그런 일로 부모님의 기분이 아주 나빴겠어요, 얼마나 충격이 크셨어요? 부모님이 원하는 것은 ~라는 말씀이시죠?"와 같이 반응하면서 경청하면 학부모의 감정과 욕구를 파악하는 데 도움이 됩니다.

학교에서 학생을 지도하는 과정에서 중요한 것은 바로 피드백입니다. 상담 이후 학생의 긍정적 변화에 대해 따로 학부모에게 알려 주면 학생이 그동안 노력한 것에 대한 격려와 보상이 될 수 있습니다. 학생의 작은 변화도 눈여겨보면서 조금이라도 개선되는 점이 보이면 학생을 즉시 칭찬해 줍니다. 그러면 더 빠르게 긍정적인 모습으로 변화합니다. 다른 교과 교사들도 함께 학생을 격려해 주고 응원해 준다면 그

효과는 배가 될 것입니다. 사람은 누구나 다른 사람의 칭찬 속에 성장합니다. 다른 사람이 끝까지 믿어 주고 인정해 주면 학생은 긍정적으로 변하게 됩니다.

안 되는 것은 단호하게

교사에게도 인권이 있습니다. 인간으로서 존중받아야 할 권리가 교사에게도 있습니다. 교사가 학부모에게, 또는 언론에서 동네북처럼 두들겨 맞아서는 좋은 교육을 할 수가 없습니다. 대한민국의 미래를 책임질 학생들을 가르치는 교사들의 교권이 지켜져야 뜨거운 교육애로 열정과 노력을 다할 수 있을 텐데 교육현장은 학부모들이 교사들의 권리를 침해하는 일들이 넘쳐나고 있습니다.

교사들에게는 공무원으로서 친절과 공정의 의무가 있습니다. 국민 전체의 봉사자로서 친절하고 공정하게 직무를 수행해야 할 법적 의무입니다. 학부모가 상담을 요청해 왔는데 불친절하게 응대하는 것은 친절과 공정의 의무에 위반될 수 있습니다. 그러나 이 의무가 있다고 해서 학부모들이 교사들을 함부로 대하는 행위를 해서는 안 됩니다.

예를 들어 교원의 휴대전화 번호를 요구하는 일, 근무 시간 이후에 전화하는 일, 학교폭력 가해와 피해자 사이의 중재자 역할을 요구하는 일, 수업 시간에 전화하는 일, 학급 사진에서 아이의 표정이 어둡다고 따지는 일, 학생이 집에 가서 한 말을 그대로 믿고 항의하는 일, 출결에서 지각처리가 부당하다고 항의하는 일, 특정 아이와 같은 반이

되게 해 달라고 요구하는 일, 아이 말만 듣고 상급 기관에 민원을 올리는 일 등은 단호하게 그렇게 할 수 없다고 대처할 필요가 있습니다. 교사가 학부모의 민원에 대해 아닌 것은 아니라고 말할 수 있어야 부당한 민원이 줄어듭니다. 국민신문고에 신고된 사건이라고 하더라도 사실관계를 확인하여 학부모의 일방적인 주장이거나 원칙이나 규칙에 어긋난 부당한 내용이라면 단호하게 대처할 수 있어야 합니다. 이러한 대처에 대해서 교육지원청이나 도 교육청에서도 교원들을 보호할 수 있는 시스템을 갖춰야 합니다.

어떤 사건이 일어났을 때 학생들은 집에 돌아가서 자기에게 유리한 대로 말합니다. 학생들은 부모로부터 보호받고 싶은 본능이 있어서 적절하게 거짓말을 함으로써 부모의 관심을 끌어냅니다. 이런 학생들의 요구가 수용되면 학부모들은 계속해서 더 강도 높은 민원을 제기합니다. 그러나 학교가 존재하는 목적은 학생들을 사회화시키는 것입니다. 학생이 교사와 다른 친구들과 함께 살아가면서 사회생활 하는 법을 배우도록 하는 것입니다. 따라서 교사가 분명한 원칙과 규칙을 가지고 교육에 임해야 합니다. 학생들이 부모를 통해서 자신의 요구를 해결하는 것이 아니라 교사에게 직접 이야기해서 문제를 풀어 가는 경험이 성장에 도움이 됩니다. 학교는 학생이 어떤 것을 시도해 보기도 하고 좌절해 보는 과정을 통해 사회를 배워 나가는 것입니다.

학부모의 부당한 민원은 교사들의 학년협의회를 통해 해결하는 방법도 있습니다. 학년교사협의회를 통해서 자주 일어나는 민원에 학교가 어떻게 대응할지를 미리 협의해서 결론을 만들어 놓아야 일관되게 대처할 수 있습니다. '학년교사협의회에서 우리 학교는 이 문제를 이렇게 처리하기로 했다.'라고 답변하면 됩니다. 교사 혼자서 답을 하는 것은 학부모들이 민원을 집요하게 재차 요구할 수 있으나 전체 회의를 통해서 합의된 결론으로 응대하면 학부모들도 수긍할 수밖에 없습니다. 복잡한 민원일수록 담임교사 혼자 고민하지 말고 여러 사람 앞에 드러내 놓고 공론화시켜 교사들끼리 해법을 연구하거나 교장선생님이나 교감선생님과 협의하여 대응하는 것이 좋습니다.

원영철 박사의《교사 법 이야기》책을 보면 학부모 민원 처리에 자신감을 가질 수 있습니다. 원영철 박사는 민원에서 교사의 처벌 유무에 대해 명확하게 설명합니다. 그것은 '사건의 예견 가능성'에 있습니다. 교사가 사전에 충분히 예측을 할 수 있는 사고였음에도 불구하고 예방교육을 하지 않았거나 현장에 있지 않아서 발생한 사건들만 교사에게 책임을 묻는다는 것입니다. 사고가 학교생활에서 통상 발생할 수 있다고 하는 것이 예측되거나 또는 사고 발생의 구체적 위험성인 예측 가능성이 있는 경우에 한하여 교장이나 교감, 교사는 보호와 감독의 의무에 대한 책임을 지는 것입니다.

《교사 법 이야기》에는 몇 가지 사례를 들어 학생 사고에 교사의 책임이 있는지의 유무를 이야기합니다.

체험학습 중 학생이 쓰러졌는데, 교사가 응급조치를 하고, 119를 불렀음에도 불구하고 심장마비로 사망하였을 때 교사의 책임은 없습니다. 교사가 사전에 예측할 수 있는 사건이 아니며 교사로서 책무를 다했기 때문입니다.

씨름부 학생들이 장난으로 동료 학생을 씨름연습장에서 집어 던져 척추손상 등의 부상을 입었을 때 교사의 책임은 수업 시작 전에 예방교육을 했느냐의 여부, 현장에서 장난을 하지 말라고 주의를 주었느냐의 여부에 달려 있습니다. 교사의 지도에도 불구하고 학생들끼리 장난을 하다가 일어난 사고에는 책임을 묻지 않는 것입니다.

80대 노인이 축구동아리 수업을 위해 인솔교사 없이 이동하던 중학생과 부딪혀 넘어지면서 식물인간이 되었을 때에는 교사에게 책임이 있습니다. 교사가 학생들을 직접 인솔하여 이동해야 함에도 불구하고 현장에서 그 책임을 다하지 않았기 때문입니다.

학교체육대회에서 기마전 경기를 하던 중 충돌사고가 일어나 학생이 경부손상을 입고, 하반신 완전마비, 상반신 부분 마비 등의 후유증을 입은 사례의 교사 책임에 대해 대법원에서는 '체육교사가 준비운동으로 국민체조를 두 차례 반복 실시했다는 점, 보조운동으로서 전신의 관절과 근육 등을 유연하게 하는 운동을 실시했다는 점, 기마전의 경기규칙을 충분히 시달하고, 담임교사도 기마전 개시 직전 재차 안전을 위한 수칙을 시달하였다는 점, 신체 허약자나 지체부자유자는 견학하도록 조치를 한 후 경기를 진행하던 중 원고 학생이 지면에 넘어지자 곧 잔디밭으로 옮긴 후 바로 병원으로 후송한 사실이 있다는 점, 안전모를 착용하는 것이 필수적으로 요구되거나 권장되고 있지 아니한 사실 등을 고려할 때, 직무집행상 불법행위에 대한 고의나 과실이 없다.'라고 하면서 체육교사에게 과실을 부인하는 판결을 내렸습니다.

이처럼 교사가 예측할 수 없거나 사고 발생의 구체적 위험이 예측 가능하지 않을 때는 보호와 감독의 의무에 대한 직접적인 책임은 없는 것입니다.

제5장

학교교육에
유용한 자료

표창장 양식 모음

도서관 이용 우수 학생 표창

위 학생은 자기 주도적인 독서 습관을 바탕으로 학교 도서관을 자주 이용하고 책 읽기를 즐기며 이를 생활화함으로써 미래사회의 주인공으로서의 자질을 함양하였기에 이 상장을 줍니다.

주장하는 글쓰기 대회

위 학생은 미래 핵심 역량을 기르기 위해 실시한 주장하는 글짓기 대회에서 자신의 생각을 논리적이고 설득력 있게 표현하여 위와 같이 입상하였기에 이 상장을 줍니다.

토론대회 우수 학생 표창

위 학생은 미래 핵심 역량을 기르기 위해 실시한 교내 토론 대회에서 창의적 사고와 논리적 표현으로 합리적인 문제 해결 능력을 발휘하여 위와 같이 입상하였기에 이 상장을 줍니다.

독서기록장 우수 학생 표창

위 학생은 꾸준히 책 읽는 습관을 길러 책을 즐겨 읽으며 읽은 책에 대한 뛰어난 이해와 사려 깊은 사색을 바탕으로 독서기록장을 창의적이고 성실하게 작성하였기에 이 상장을 줍니다.

미술 감상문 쓰기 우수 학생 표창

위 학생은 감성 예술 교육을 통해 따뜻한 학교문화를 조성하기 위한 미술 작품 감상문 작성 대회에서 위와 같이 입상하였기에 이 상장을 줍니다.

주장하는 글쓰기 우수 학생 표창

이 학생은 나라 사랑 정신을 고취하기 위해 실시한 독도 수호 표어 제작 대회에서 독도가 대한민국 고유의 영토로서 반드시 지켜내야 할 우리의 땅임을 공감할 수 있게 표현하여 위와 같이 입상하였기에 이 상장을 줍니다.

민주시민상 표창

위 학생은 학교와 친구들을 위한 봉사활동으로 협력과 공존의 가치를 실천함으로써 따뜻한 민주시민이 커 가는 어울림학교의 이상을 실현하는 데 귀감이 되었으므로 표창합니다.

애송시 발표대회 우수 학생 표창

위 학생은 미래 핵심 역량을 기르기 위해 실시한 애송시 발표 대회에서 시의 내용을 깊이 이해하고 풍부한 시심으로 감성을 살려 낭송하여 위와 같이 입상하였기에 이 상장을 줍니다.

성실끈기상 표창

위 학생은 근면한 생활 자세로 학교생활에 성실하게 임하여 미래사회에 필요한 역량을 함양함으로써 개인의 성장은 물론 학교 공동체의 발전에 기여하였으므로 이 상장을 수여합니다.

여수인재상 표창

위 학생은 행복한 미래를 준비하는 참삶교육 실현을 위해 남다른 애교심과 투철한 사명감으로 학교와 지역사회의 발전에 공헌하여 앞으로도 여수지역을 빛낼 미래인재로 성장하고 있기에 이 상장을 수여합니다.

창의영재상 표창

위 학생은 남다른 사고력과 지치지 않는 의지로 꿋꿋하게 노력하여 탁월한 성과를 거양하였으며, 무한한 잠재력을 바탕으로 창의성을 발현할 영재로 성장하고 있기에 이 상장을 수여합니다.

학력 관리 우수교원 표창

선생님께서는 2022학년도 1/4분기 학력 관리 우수 교원으로 선정되어 그 사례를 교원들과 공유함으로써 기초 기본 학력 정착에 이바지하고 학생들의 학습복지 실현에 모범이 되었으므로 표창합니다.

학사업무 양식 모음

장학증서 양식

위 학생은 행복한 미래를 준비하는 참삶 교육 실현을 위해 협력과 공존의 가치를 존중하며 좋은 교우 관계를 유지하고, 성실한 자세로 골프 훈련에 매진하여 미래에셋 와이케이디벨롭먼트(주) 장학생으로 선발되었기에 이 증서를 드립니다.

학생회 당선증 양식

위 학생은 2022년 12월 8일에 실시한 2023학년도 학생회장단 선거에서 학생회장 당선인으로 결정되었으므로 이 당선증을 드립니다.

2022년 12월 12일
여수중학교선거관리위원회 위원장 허○○

학부모회 임명장 양식

귀하를 80년 역사와 전통에 빛나는 따뜻한 민주시민이 커 가는 어울림학교 여수중학교 2022학년도 학부모회 회장으로 임명합니다.

운영위원 당선증 양식

당 선 증

여수중학교운영위원회
정 ○ ○

귀하는 80년 역사와 전통에 빛나는 따뜻한 민주시민이 커 가는 어울림학교 여수중학교 2022학년도 학교운영위원으로 당선되었기에 이 증서를 수여합니다.

학교발전위원 위촉장 양식

위 촉 장

학부모 ○ ○ ○

협력과 공존의 가치를 실천하고 함께 살아가는 법을 배워서 따뜻한 민주시민으로 커 가는 광양중학생들의 올바른 성장을 위해 학부모님을 2021학년도 광양중학교 학교발전위원으로 위촉합니다.

운영위원장 감사패 양식

감 사 패

여수중학교운영위원회
위원장 허 ○

위원장님께서는 2022학년도 학교운영위원장으로서 협력과 공존의 가치를 바탕으로 공부하는 학교환경 조성에 이바지하시어 우리 학교가 교육부 그린스마트스쿨 공모전 우수상, 자율장학우수학교, 독서토론유공학교로 선정될 수 있도록 지원하셨기에 그 고마움을 담아 이 패에 새겨 드립니다.

감 사 패

여수중학교운영위원회
위원장 ○ ○ ○

위원장님께서는 2023학년도 학교운영위원장으로서 우리 학교가 협력과 공존의 가치를 바탕으로 앎, 삶, 쉼이 조화를 이루는 미래학교, 따뜻한 민주시민이 커 가는 어울림학교의 위상으로 여수교육 1번지 학교가 될 수 있도록 지원하셨기에 그 고마움을 담아 이 패에 새겨 드립니다.

감 사 패

여수중학교학부모회
회장 ○ ○ ○

회장님께서는 2023학년도 학부모회장으로서 우리 학교가 행복한 미래를 준비하는 참삶교육을 실현함으로써 미래핵심 역량을 기르는 여수교육 1번지 학교로서의 위상을 확립하고, 따뜻한 민주시민이 커 가는 어울림학교로 발전할 수 있도록 지원하셨기에 그 고마움을 담아 이 패에 새겨 드립니다.

학부모 봉사자 감사장 양식

감 사 장

김 ○ ○

어르신께서는 2021학년도에 이어 올해에도 어려운 환경에서 성실하게 공부하는 학생들을 위해 김치 나누기 봉사활동으로 협력과 공존의 가치를 실천하심으로써 따뜻한 민주시민이 커 가는 어울림학교 여수중학교 가족 모두의 귀감이 되셨기에 그 고마움을 가득 담아 이 감사장을 드립니다.

학부모 봉사자 감사장 양식

감 사 장

여수중학교
학부모 ○ ○ ○

학부모님께서는 학생들을 위하여 등굣길 교통 지도, 따뜻한 등교맞이, 각
종 캠페인 활동, 벽화 그리기, 반찬 만들기 등의 봉사활동으로 협력과 공
존의 가치를 실천하시어 모든 이의 귀감이 되었기에 감사장을 드립니다.

학부모 봉사자 봉사대상 양식

봉사대상
○ ○ ○

어르신께서는 2021학년도부터 매년 어려운 가정환경에서도 학교생활을
열심히 하는 학생들을 위해 김치 나누기 봉사활동을 실천하심으로써 사
랑과 배려의 꽃이 활짝 피어나는 따뜻한 민주시민이 커 가는 어울림학교
여수중학교 가족들의 귀감이 되셨기에 그 고마움을 가득 담아 이 봉사대
상을 드립니다.

외부기관 봉사자 감사장 양식

감 사 패

라온테크니션시스템
대표 ○ ○ ○

대표님께서는 우리 학교 취약계층 학생들의 건강한 가정생활을 위하여
에어컨을 기증해 주시고 직접 설치해 주시어 교육가족의 귀감이 되셨기
에 그 숭고한 뜻을 받들고자 학생, 학부모, 교직원들의 존경심을 담아 이
패를 드립니다.

동문회 봉사자 감사장 양식

감 사 패

광양중 동문회
대표 ○ ○ ○

동문회 준비 기수 39회 회장님께서는 후배들을 사랑하는 따뜻한 마음과
학교의 지속적 발전을 염원하는 숭고한 뜻으로 벤치 설치 및 교육환경
정비에 도움을 주시어 동문들의 귀감이 되셨기에 교육가족들의 존경심
을 담아 이 패를 드립니다.

정년퇴임 송공 시 모음

행복을 주는 당신

- ○○○ 조리선생님의 퇴직에 부쳐

먼저 다가와

손잡아주고

든든한 언덕이 되어 주신 당신

빈 가슴 채워 주고

마음을 어루만져 주시며

포근하게 안아 주시던 당신

봄비처럼 촉촉이

우리 마음속에 스며들어

곁에서 늘 힘이 되던 당신

땀방울 닦아주고

따뜻하게 품어 주시며

든든한 어깨를 내어주던 당신

참 잘 살아오셨기에

우리들 마음 마음에 들어앉아

행복이란 이름으로 늘 함께 할 당신

참 좋은 당신

– ○○○ 교감선생님의 퇴직에 부쳐

먹구름에도 땡볕에도 지치지 않고

초롱초롱 반짝이는 제자들의 가슴마다에

아름다운 꿈을 심어준 사람

가난한 마음으로 깊은 뿌리를 내려

선생님들의 마음속에 뜨거운 사랑을 북돋우고서

교육이 희망임을 보여 준 사람

눈길 위에서 잠시도 머뭇거리지 않고

빛나는 발자취로 걸음걸음마다에 의미를 더해
새로운 길을 열어준 준 사람

스스로의 빛깔과 향기로 꽃이 되어
얼어붙은 대지에 말없이 스며들어 봄을 만들고
사랑의 온도를 높여준 사람

보석처럼 귀하게 별빛처럼 찬란하게
우리들의 기억 속에 영원히 남아 있을
아, 그 이름만 들어도 참 좋은 당신

영원히 빛나는 촛불

– 참교육자 ○○○ 선생님 정년퇴임에 부쳐

당신은 37년 동안 '기다림, 다 사랑, 은근함'으로
아이들을 가슴에 고이 품으셨습니다.

빛나는 꿈을 응원하고 더 크게 키워 주셔서 제자들은
희망 가득한 미래를 준비할 수 있었습니다.

따뜻하게 보살피시는 재능을 온몸으로 보여 주셔서
제자들이 자신의 빛깔을 찾아갈 수 있었습니다.

긍정의 마음으로 포근하게 다독거려 주셔서 제자들도
나눔과 베풂의 역량을 배울 수 있었습니다.

교육은 인간다운 성품을 공부하는 것이라는 신념을
열정적 실천과 헌신으로 보여 주셨습니다.

오늘, 당신이 더 아름다운 것은 교직 후배들을
늘 존중해 주시고 든든한 디딤돌로 남으셨기 때문입니다.

우리가 사랑하고 존경하는 참교육자, 당신의 촛불은
우리 마음속에 영원히 빛날 것을 믿습니다.

교육의 내일을 열어준 당신

- ○○○ 행정실장님 정년퇴임에 부쳐

교직원을 따뜻한 가슴으로 품어주시며
함께하는 아름다움을 실천하신 당신은

햇살 같은 행정으로 감동을 주셨습니다.

마음의 창문을 활짝 열어 귀담아들으시고
여수중학교를 꿈과 희망 가득한 공간으로
참삶교육을 실현하는 장으로 가꾸셨습니다.

당신의 그 빛나는 열정과 헌신이 있었기에
학생들은 더 즐겁게 배우며 나눌 수 있었고
선생님들도 교육의 보람으로 행복했습니다.

힘들 때 기댈 수 있는 참 좋은 친구가 되어주신
꼭 당신처럼 우리도 그 길을 묵묵히 가겠습니다.
당신이 열어주신 교육의 내일을 힘차게 걷겠습니다.

꽃향기 가득한 사랑

○○○ 선생님 정년퇴임에 부쳐

39년 동안 오직 한 길
가장 아름다운 생각으로
가장 고운 빛깔의 마음으로

우리 모두의 친구가 되어주고
든든한 가족이 되어 품어준 사랑

교직원들 가슴 깊은 곳에
소중하고 고귀한 씨앗을 뿌려
농심 그대로의 땀방울로 보살피며
탐스러운 꽃망울 담담하게 키워내어
꽃향기 가득 담은 열매를 맺어준 사랑

착한 두 손 먼저 내밀어
그 누구라도 반갑게 맞이하고
마음의 창문까지도 활짝 열어서
나누고 베풀며 훈훈하게 살아온 시간
우리가 배워야 할 넉넉히 아름다운 삶

사랑의 열매

- ○○○ 교육복지사님 정년퇴임에 부쳐

진정 자신의 소명을 사랑하시어
쉼표도 마침표도 잊어버리시고

가뭄도 비바람도 다 이겨내시고
넓고도 따뜻한 가슴으로 아이들
하나하나 포근히 안아 주셨습니다.

척박한 땅의 사춘기 아이들을
그대로의 모습으로 받아주시고
사랑으로 친구가 되어 주셔서
돌봄으로 가족이 되어 주셔서
어여쁜 꽃으로 피어났습니다.

쳐다보기만 해도 좋은 아이들
더 잘해 주지 못해 안타깝고
더 나누지 못해 아픈 가슴이
여수 지역사회를 누비시면서
사랑의 열매로 빨갛게 익었습니다.

아름다운 행복

- ○○ 태권도 감독님의 퇴임에 부쳐

넘어져도 다시 일어서는 오뚝이처럼

마음의 무게 중심을 잘 잡아주셔서

실수해도 다시 일어설 수 있는 용기

실패해도 더 많이 배울 수 있는 지혜로

선수들이 듬직하게 커갈 수 있었습니다

선수들의 말을 항상 귀담아들어서

그 마음을 잘 헤아려준 고마운 당신

힘든 날에도 함께하는 발걸음으로

고된 날에도 아름다운 어울림으로

든든하게 기댈 수 있는 언덕이었습니다

승리에 대한 집착을 훌훌 털어버리시고

선수들 곁에서 토닥토닥 등 두드리시며

마음을 활짝 열어 손잡아 일으켜주시는

당신께서 살아온 삶의 아름다운 향기가

우리들 가슴마다에 행복으로 스몄습니다

학교 행사 플래카드 문구

제73회 여수중졸업축제 2023. 2. 10.	나는 잘 살아온 내가 참 고맙다
제73회 여수중졸업축제 2023. 2. 10.	거침없는 도전, 아주 멋진 그대
제76회 여수중 입학식 2023. 3. 2.	예쁜 말은 꿈을 현실로 만드는 지름길
제76회 여수중 입학식 2023. 3. 2.	이제 우리가 너희를 따뜻하게 안아줄게
2023학년도 여수중학교 교직원 한자리 모임 심쿵! 기분 좋은 만남, 설렘 가득한 새 출발	
아름다운 사람들과 함께하는 행복 충전의 시간 여수중학교 교직원 한자리 모임	
우리가 사랑하고 존경하는 참교육자 ○○○ 선생님 정년퇴임식 2023. 2. 10. 여수중학교	당신은 우리 마음속에 영원히 빛나는 촛불입니다

여수중학교 소개

80여 년의 역사에 빛나는 우리 학교는 '참다운 사람'이라는 교훈 아래 진정성 있는 삶을 바탕으로 사회의 다양성을 존중하고 공익에 기여하는 2만 8천여 명의 자랑스러운 졸업생과 함께하고 있습니다.

우리는 행복한 미래를 준비하는 참삶 교육 실현을 위해 학습에서 즐거움을 찾고, 서로의 개성과 다양성을 존중하며, 미래 핵심 역량을 준비합니다.
협력과 공존의 가치를 실천하며 함께 살아가는 법을 배우는 학생들과 교육 변화를 주도하며 끊임없이 학습하는 교직원들이 날로 새로워지는 학교를 만들어 가고 있습니다.

앎, 삶, 쉼이 조화를 이루는 그린스마트 미래학교, 오래오래 머무르며 아름다운 추억을 만드는 학교, 세계 방방곡곡을 누빌 역량 있는 글로벌 인재가 커 가는 여수교육 1번지 여수중학교에서 대한민국 민주시민이 날마다 한 뼘씩 자라나고 있습니다.

감사 카드

多 행복한 배움터
여수중 공동체 생활 협약서

우리는 더불어 사는 삶을 가꾸는 행복한 배움의 공동체로서의 여수중학교를 만들기 위해 학생, 교사, 학부모가 주체가 되어 상호 존중의 바탕 위에 다음과 같이 약속합니다.

[학생이 지켜야 할 약속]

나의 가능성을 믿고 나의 삶을 사랑하겠습니다.

○ 하루에 한 번은 나를 칭찬하겠습니다.

○ 미래에 대한 확신을 갖고, 나의 꿈을 소중히 여기겠습니다.

○ 자해와 같이 나를 해치는 행동은 절대 하지 않겠습니다.

친구들을 귀하게 생각하고 항상 존중하겠습니다.

○ 친구들의 고민을 들어주고, 함께 기쁨과 슬픔을 나누겠습니다.

○ 지나친 장난을 피하고, 학교폭력은 절대 하지 않겠습니다.

○ 소외된 친구에게 관심을 갖고, 다가가 말을 건네겠습니다.

학생의 학습권과 선생님의 교권을 지키겠습니다.

○ 수업 시간에 늦지 않고, 수업 준비를 철저히 하겠습니다.

○ 수업 중 친구들과 장난하지 않고, 수업에 성실히 임하겠습니다.

○ 선생님의 정당한 지시에 적극적으로 따르겠습니다.

우리가 약속한 학교 규칙을 성실히 지키겠습니다.

○ 우리가 정한 규칙은 꼭 확인하고 성실히 실천하겠습니다.

○ 학급 규칙에 참여하고 성실히 이행하겠습니다.

○ 흡연, 음주 등 법과 규칙에 어긋난 행동을 하지 않겠습니다.

예쁜 말과 바른 행동으로 좋은 사람이 되겠습니다.

○ 다른 사람을 존중하고, 인사를 공손히 하겠습니다.

○ 욕설, 비방 등 나쁜 말을 사용하지 않겠습니다.

○ 아름다운 우리말과 예쁜 말을 익혀 생활 속에 사용하겠습니다.

[교사가 지켜야 할 약속]

학생보다 낮은 소리로 존중하는 언어를 사용하겠습니다.

○ 학생들을 인격체로 존중하고, 목소리를 낮추겠습니다.

○ 감정이 실린 언어를 자제하고, 경어를 사용하겠습니다.

학생에게 모범을 보이는 생활교육을 실천하겠습니다.

○ 학생에게 먼저 다정히 인사하는 교사가 되겠습니다.

○ 부정적인 언어와 태도를 지양하고, 자존감을 지닌 교사의 모습을
  보이겠습니다.

칭찬과 격려를 통한 소통하는 수업을 하겠습니다.

○ 수업 중 아이들에게 칭찬과 격려를 아끼지 않겠습니다.

○ 작은 목소리에도 귀 기울이며 대화하는 교사가 되겠습니다.

학생의 고민과 성장을 공유하며 함께하겠습니다.

○ 학생의 작은 변화에도 관심을 갖고, 고민을 함께 나누겠습니다.

○ 소외된 학생에게 다가가 인사를 나누며 손을 내밀겠습니다.

감정에는 공감하고, 규칙에는 단호하겠습니다.

○ 학생의 감정에 공감하고, 이해하기 위해 힘쓰겠습니다.

○ 모든 학생에게 공정하고, 공평한 규칙을 적용하겠습니다.

[학부모가 지켜야 할 약속]

아이들의 말에 귀 기울이는 부모가 되겠습니다.

○ 하루에 한 번은 아이들과 대화하며 소통하겠습니다.

○ 아이들의 말을 끝까지 들어보고, 생각을 존중하겠습니다.

아이들이 의지하는 믿음직한 부모가 되겠습니다.

○ 아이들이 보고 배울 수 있는 모범적인 모습을 보이겠습니다.

○ 아이들과의 작은 약속도 실천하기 위해 노력하겠습니다.

아이를 믿고 함께 성장하는 부모가 되겠습니다.

○ 아이가 스스로 꿈을 찾을 수 있도록 강요보다 지원을 하겠습니다.

○ 꿈을 응원하고, 대화와 소통으로 함께 이루어 나가겠습니다.

학교와 소통하고 협력하는 학부모가 되겠습니다.

○ 학교의 방침을 존중하고, 학교와 소통하여 협력하겠습니다.

○ 교사를 존중하고, 교사의 권리를 침해하지 않겠습니다.

여수중의 모든 아이를 이해하고 사랑하겠습니다.

○ 학생 간 다툼에도 내 아이 편만 들지 않고 이해하겠습니다.

○ 소외되거나 어려운 아이를 돕기 위해 나눔을 실천하겠습니다.

우리 학부모들은 위의 약속을 가정과 학교에서 성실히 이행하여 '다 행복한 배움터' 여수중이 될 수 있도록 함께 협력하겠습니다.

| 도움받은 자료 |

김현수(2014), 공부상처, 에듀니티

전성수(2018), 부모라면 유대인처럼 하브루타로 교육하라, 예담

켄 로빈슨, 정미나 역(2017), 학교혁명, 21세기북스

정혜신(2019), 당신이 옳다, 해냄

최영아(2015), 시가 마음을 만지다, 썸앤파커스

최성애·조벽(2012), 최성애·조벽 교수의 청소년 감정코칭, 해냄출판사

문요한(2023), 관계를 읽는 시간, 더퀘스트

오은영(2022), 오늘 하루가 힘겨운 너희들에게, 녹색지팡이

김현섭(2013), 수업을 바꾸다, 한국협동학습센터

김난도 외(2023), 트렌드코리아 2024, 미래의 창

박남기(2017), 최고의 교수법, 쌤엔파커스

심희정(2022), 예쁘게 말을 하니 좋은 사람들이 왔다, 쏭북스

조성은(2022), 어떻게 말해야 할까, 트러스트북스

원영철(2019), 교사 법이야기, 삼영사

최재웅(2014), 수업의 신, 폴엔마크

더그레모브, 구정화·박새롬 역(2014), 최고의 교사는 어떻게 가르치는가, 해냄출판사

김영주 외(2016), 다시, 혁신 교육을 생각하다, 창비교육

김성천(2011), 혁신학교란 무엇인가, 맘에드림

김영근 외(2020), 공간혁신 이야기, 더블북코리아

Teresa Aubele 외, 김유미 역(2013) 해피 브레인, 지성공간

폴김·함돈균(2019), 교육의 미래, 티칭이 아니라 코칭이다, 세종서적

함규정(2023), 감정관리도 실력입니다, 청림출판

그래도 선생님이 희망입니다

ⓒ 정규문, 2024

초판 1쇄 발행 2024년 3월 25일
　　2쇄 발행 2024년 4월 23일

지은이　정규문
펴낸이　이기봉
편집　　좋은땅 편집팀
펴낸곳　도서출판 좋은땅
주소　　서울특별시 마포구 양화로12길 26 지월드빌딩 (서교동 395-7)
전화　　02)374-8616~7
팩스　　02)374-8614
이메일　gworldbook@naver.com
홈페이지　www.g-world.co.kr

ISBN　979-11-388-2878-9 (03370)